Diplôme d'Aptitude
Pratique au Français

新版
仏検合格
熟語＋単語

マリ・ガボリオ
小石 悟

準2級

SANSHUSHA

●音声ダウンロード・ストリーミング

1. PC・スマートフォンで本書の音声ページにアクセスします。

   https://www.sanshusha.co.jp/np/onsei/isbn/9784384060645/

2. シリアルコード「06064」を入力.
3. 音声ダウンロード・ストリーミングをご利用いただけます。

本書は 2021 年に第三書房から刊行されたものに加筆し、新版として刊行したものです。

はじめに

この本は，仏検準２級合格を目指す人を対象にしています．また，仏検とは関係なく，自分のフランス語能力，特に語彙力を伸ばしたいと思っている人にも役に立つと思います．

仏語検定試験に合格するためには，どのレベルであれ，文法と語彙の習得は最も重要です．本書は，準２級の試験が始まった2006年から2020年までに行われた試験に出たほぼ全ての慣用表現・語彙をリストアップし，その中から合格に必要な表現・語彙を収録しています．準２級合格には，フランス語学習の土台となる**３級以下のレベルの表現・語彙**も必須とされ，**準２級レベルのもの**と有機的に結び付けた体系的な語彙力も要求されます．学習しやすいように，３級以下のレベルと準２級レベルの表現・語彙はチェックボックスで色分けしました．収録した表現・語彙は，いくつかのカテゴリーに分類されています．どのカテゴリーから始めてもかまいませんので，自分に最も必要だと思われるところから始めて下さい．

【3級以下】【準2級】

1. **日常的な口語表現**（見出し表現 194：**98** ＋96）
2. **品詞別基本語彙・基本熟語**
   1. **名詞**（見出し語 564：**277** ＋287）
   2. **形容詞**（見出し語 233：**95** ＋138）
   3. **動詞**（見出し語 641：**308** ＋333）
   4. **副詞**（見出し語 161：**72** ＋89）
   5. **前置詞**（見出し語 48：**38** ＋10）
   6. **代名詞・不定形容詞・疑問形容詞**（見出し語 33：**26** ＋7）

語彙の他に，準２級でよく出題される文法問題も取り扱っています．特に，前置詞と代名詞（疑問代名詞, 関係代名詞, 不定代名詞, 疑問形容詞, 不定形容詞）にはそれぞれ１章が当てられています．仏検の問題に正しく答えるためには，これらの文法項目の用法をよく理解し・暗記することが必要です．さらに，実際の試験対策として，練習問題によって，用法をよく理解したかどうか確認して下さい．

最後に，１次試験に合格した人が受ける個人面接（２次試験）のために，重要なポイントをまとめました．

この本が，皆様の目標達成に役立つことを心より願っています．

著 者

■ 目 次 ■

■ 本書の構成と使い方 ■

▶ 見出し語：
十数年にわたる仏検の過去問をデータベース化し，準２級合格に必要な口語表現，単語，熟語を厳選しました．見出し語の左側には各章の通し番号とチェックボックスが付いています．準２級レベルの重要な見出し語は，色付きのチェックボックス(□)になっているので，優先的に覚えましょう．

□ 295	**demander**	～を尋ねる，要求する，必要とする
□ 296	▸ **demander l'avis à** ＋人	～に意見を求める
□ 297	▸ **demander de la patience**	忍耐力を必要とする
□ 298	＝ **Il faut de la patience pour** ＋不定詞	～するのに忍耐力を必要とする

▶ 熟語・同意語・反意語：
見出し語に関係する熟語を掲載．さらに，準２級で要となる**同意語**(＝ / ≒)・**反意語**(↔)を提示し，記憶しやすいように赤字にしてあります．

▶ 意味： 仏検で狙われやすい意味，用法を載せ，赤字にしてあります．付属の赤セルシートを活用して下さい．ページの上に載せると，赤い文字部分が消えるので，覚えているのか，確認できます．

本書は，各章(口語表現，単語，熟語)が，覚えやすいように**グループ分け**されています．それぞれのグループごとに学習していけば，効果的に記憶できるでしょう．同意語・反意語を含む見出し語(句)や表現は，その意味，例文の日本語訳の中の見出し語に対応する部分を**赤字**にしてあります．**赤セルシート**をぜひ活用して，覚えましょう．ページの上に載せると，赤字部分が消えるので，記憶しているかどうかを確認できます．

「2　品詞別基本語彙・基本熟語」の「3　動詞」を例として

▶例文： 口語表現や動詞，熟語は，その意味を効果的に覚えるために，各見出し語に例文を付けてあります．太字になっているところが見出し語です．見出し語の**同意語**（＝ / ≒）・**反意語**（↔）は，点線付の赤字になっています．

▶和訳：
例文の右側に，その日本語訳があります．見出し語の意味にあたる部分は，点線付の赤字になっています．

Ce travail **demande de la patience.** = **Il faut de la patience pour** faire ce travail.	この仕事は忍耐力を必要とします．
□ 299 ▶ **demander à** ＋人＋ **de** ＋不定詞	**〜に〜することを頼む**
Pierre m'**a demandé de** venir le chercher à l'aéroport demain soir.	ピエールは私に明日夜空港に迎えに来てと頼みました．

音声ファイルは，弊社のホームページから**無料でダウンロード**および**ストリーミング再生**ができます．

見出し語（句）（フランス語）→ 意味（日本語）（さらに → **例文（フランス語）**）が収録されています（p.10「1. 挨拶」から p.145「3. 副詞」，及び最終章 p.211「3　個人面接（2次試験）の学習のポイント」の表現）．

音声を何度も聞き，繰り返し声に出して言うことで，**耳から音と意味をインプット**し，**リスニングやスピーキングの力**もつけることができます．

具体的には，**リピーティング**（再生機器のポーズボタンを利用の上，テキストを目で追いながら音声を聴き，リピート．慣れてきたら，テキストを見ずに，音声だけを聴いて，リピートしてみて下さい），**オーヴァーラッピング**（音声を聴き，テキストを目で追いながら，フランス語の音声に自分の声をかぶせて，同時に音読），さらには**シャドーイング**（テキストを見ずに，音声を聞きながら同時に聞こえた音をリピート）にチャレンジしてみて下さい．

▶本書の記号・略号◀

□　チェックボックス：覚えた表現・熟語・語彙にはチェックをつけられるようにしてあります.

また，色のついた□は，準2級合格に必要な語［表現］です（語義のところで，同意語（句），類義語（句），関連語（句），名詞・形容詞の女性形，複数形などをボールド体にしたものも含む）.

□は，3級レベル以下のものですが，□と同じくらい大切な語彙・表現です.

001　002 ...　見出し語の通し番号：チェックボックスのすぐ右側には，各章（「1 日常的な口語表現」「1 名詞」「2 形容詞」…）ごとに，見出し語の通し番号が付いています．ただし，既出のものの番号は，（　　）の中に入れて区別しました.

［　］　言い換え可能：直前の語（句）と置き換えられます.

（　）　省略可能

〈　〉　過去分詞

＝　同意語［表現］：同じ意味の語［表現］

≒　類義語［表現］：ほぼ同じ意味を持つ語［表現］

↔　反意語［表現］：反対の意味の語［表現］

▸　関連語［表現］，女性形，複数形など

▹　補足説明

男　男性形　　女　女性形　　複　複数形

＊名詞，形容詞の女性形で，原則として男性形に e を付けるものは，次のように表記しています.

ami(*e*)　男性形が ami，女性形が amie.

content(*e*)　男性形が content，女性形が contente.

1

日常的な口語表現

1. 挨拶

1) 会ったとき 🎧001

☐ 001	**Ça fait longtemps qu'on ne s'est pas vus.**	久しぶりですね.
☐ 002	**Faites comme chez vous.**	どうぞ楽にして下さい.
☐ 003	**Je suis heureu*x* [heureu*se*] de vous rencontrer.**	お会いできてうれしく存じます.
☐ 004	**Je vous en prie, après vous.**	どうぞお先に.
☐ 005	**Permettez-moi de me présenter.**	自己紹介させていただきます.
☐ 006	**Quoi de neuf [nouveau] ?**	何か変わったことはありますか？
☐ 007	**Enchanté(e).**	はじめまして.
☐ 008	**Qu'est-ce que vous faites dans la vie ?**	お仕事は何ですか？

2) 別れるとき 🎧002

☐ 009	**À un de ces jours !**	またそのうちに会いましょう！
☐ 010	**Je vous laisse.**	お先に失礼します.
☐ 011	**À bientôt !**	それではまた近いうちに！
☐ 012	**À demain !**	また明日！
☐ 013	**À la prochaine fois !**	じゃあ，また今度！
☐ 014	**À plus tard !**	それではまた後で！
☐ 015	**À tout à l'heure !**	また後で！
☐ 016	**À tout de suite !**	すぐ後で！

2. 願い・祝い

🎧003

□	017	**Bon retour !**	気をつけてお帰り下さい！
□	018	**À votre santé !**	乾杯！
□	019	**Bon anniversaire !**	誕生日おめでとう！
□	020	**Bon appétit !**	召し上がれ！［いただきます！］
□	021	**Bon courage !**	頑張って！
□	022	**Bon voyage !**	楽しい旅行を！
□	023	**Bon week-end !**	楽しい週末を！
□	024	**Bonne année !**	新年おめでとう！
□	025	**Bonne chance !**	幸運を祈ります！
□	026	**Bonne journée !**	どうぞよい1日を！
□	027	**Bonne nuit !**	おやすみなさい！
□	028	**Bonne soirée !**	楽しい夜を！
□	029	**Bonnes vacances !**	よい休暇を！
□	030	**Félicitations !**	おめでとう！

3. お礼・お礼に対する返答

🎧004

□	031	**Je vous dois mon succès.**	私の成功はあなたのおかげです．
□	032	**Je vous remercie de votre aide.**	助けていただき，ありがとうございます．

□ 033	**Je vous remercie de votre attention.**	ご清聴ありがとうございました.
□ 034	**Merci de tes [vos] conseils.**	アドバイスありがとう(ございます).
□ 035	**Merci pour tout.**	いろいろとありがとう.
□ 036	**Je vous en prie.**	どういたしまして.
□ 037	= De rien.	
□ 038	**Je vous remercie vraiment.**	本当にありがとうございます.
□ 039	**Merci beaucoup. C'est très gentil.**	ありがとうございます. どうもご親切に.

4. 受諾

005

□ 040	**Bien entendu.**	もちろんです.
□ 041	**C'est entendu.**	承知しました.
□ 042	= Entendu.	
□ 043	**Oui, tout à fait.**	はい, まったくその通り.
□ 044	**D'accord.**	わかりました.
□ 045	**Oui, bien sûr.**	はい, もちろんです.
□ 046	**Oui, c'est vrai.**	はい, その通りです.
□ 047	**Oui, je vous en prie.**	はい, お願いします. [はい, どうぞ.]
□ 048	**Pourquoi pas ?**	いいね. [いいんじゃないの？]

□ 049	**Volontiers.**	喜んで.
□ 050	＝ Avec plaisir.	

5. 断り

🎧006

□ 051	**Ce sera pour une autre fois.**	また今度にしましょう.
□ 052	**Non, je regrette.**	申し訳ありません. ▷ 相手の希望にそえないとき.
□ 053	**Non merci, je n'ai besoin de rien.**	いいえ結構です. 私は何も要りません.
□ 054	**Pas question !**	論外です！とんでもありません！

6. 謝罪・謝罪に対する返答

🎧007

□ 055	**Ce n'est pas (de) ma faute.**	私のせいではありません.
□ 056	**Il n'y a pas de quoi.**	どういたしまして.
□ (037)	＝ De rien.	
□ 057	**Ça ne fait rien.**	かまいません. 大したことではありません.
□ 058	＝ Ce n'est pas grave.	大したことではありません.
□ 059	**Ce n'est rien.**	何でもありません. ▷ お詫びの言葉に対して.
□ 060	**Excusez-moi de vous déranger.**	お邪魔してすみません.

□	061	**Je suis (vraiment) désolé(e).**	(誠に) 申し訳ありません.
□	062	≒ Je vous demande pardon.	申し訳ありません.

7. 返答

008

□	063	**Aucune idée.**	何も思いつきません.
□	064	**C'est promis.**	約束します.
□	065	**Ça dépend.**	それは場合によります.
□	066	**Ça [Cela] m'est égal.**	どちらでもかまいません.
□	067	**Ça [Cela] ne me regarde pas.**	それは私には関係ありません.
□	068	**Comment dire ?**	どう言えばいいのだろう?
□	069	**Comment faire ?**	どうすればいいのだろう?
□	070	**Je ne savais pas.**	知りませんでした.
□	071	**Non, au contraire.**	いや, それどころじゃないよ. 逆だよ.
□	072	**Non, rien de spécial.**	いいえ, 特別なことは何もありません.
□	073	= Non, rien de particulier.	
□	074	**On va voir.**	ちょっと様子を見てみよう.
□	075	**Prenez votre temps.**	どうぞごゆっくり.
□	076	**Qu'est-ce qui est arrivé ?**	何が起こったのですか?
□	077	**Qu'est-ce qui ne va pas ?**	何がうまくいかないのですか?
□	078	**Qu'est-ce qui se passe ?**	何ごとですか?

☐	079	**Quel âge lui donnes-tu ?**	彼[彼女]は何歳だと思いますか？
☐	080	**Si, heureusement.**	はい，幸いに．
☐	081	↔ Non, malheureusement.	いいえ，残念ながら．
☐	082	**Vous voyez ?**	お分かりでしょうか？
☐	083	**Bien sûr.**	もちろん．
☐	084	**C'est vrai ?**	本当ですか？
☐	085	**C'est sûr ?**	それは確かですか？
☐	086	**Comme d'habitude.**	いつものように．
☐	087	＝ Comme toujours.	
☐	088	**J'arrive !**	すぐに行きます！
☐	089	**J'en suis sûr(e).**	それは確かです．
☐	090	＝ J'en suis certain(e).	
☐	091	**Je suis occupé(e) pour le moment.**	今のところ忙しいです．
☐	092	**Je vous écoute.**	どうぞお話し下さい．
☐	093	**Ne vous inquiétez pas.**	心配しないで下さい．
☐	094	**Pas de problème.**	問題はありません．大丈夫です．
☐	095	**Pas possible !**	ありえないよ！まさか！
☐	096	**Pouvez-vous parler plus fort ?**	もっと大きな声で話してくれませんか？
☐	097	**Quel dommage !**	それはとても残念！
☐	098	**Tant mieux !**	それはよかった！

□ 099	**Tant pis !**	しかたがない！残念です！

8.　意見・気持ち

009

□ 100	**À ta place, j'accepterais.**	君の立場だったら，私は承諾するでしょう．
□ 101	**C'est pareil.**	それは同じことです．
□ 102	**Ça arrive (à tout le monde).**	（誰にでも）よくあることです．そういうこともあります．
□ 103	**Ça m'intéresse.**	私はそれに興味があります．
□ 104	**Ça me fait plaisir !**	それはうれしい！
□ 105	**Ça me touche beaucoup.**	感激です．
□ 106	**Ça ne me plaît pas.**	それは好きではありません．
□ 107	**Ça suffit (comme ça) !**	いいかげんにして！もうたくさん！
□ 108	**Ça y est !**	上手くいった！これでよし！やった！やっぱり！ ▹ yが予期していたことの到達点をあらわし，文脈によって多様なニュアンスをとる．
□ 109	**En tout cas, je suis pour cette idée.**	いずれにせよ，私はその考えに賛成です．
□ 110	↔ **En tout cas, je suis contre cette idée.**	いずれにせよ，私はその考えに反対です．

□	111	**Encore un effort !**	もうひと頑張り！
□	112	**Il n’est pas en forme.**	彼は元気がありません．
□	113	**Il n’y a pas d’autre moyen ?**	他の方法はないのですか？
□	114	**Il n’y a rien à faire.**	どうしようもありません．
□	115	**J’ai mal au cœur.**	吐き気がする．
□	116	**J’en doute.**	どうかなあ．疑わしいな．
□	117	**Je ferai de mon mieux.**	できるだけのことはするつもりです．
□	118	**Je me sens mal.**	気分が悪い．
□	119	＝ **Je ne me sens pas bien.**	気分がよくない．
□	120	**Je ne sais pas comment y aller.**	そこにどう行ったらいいのか分かりません．
□	121	**Quelle chaleur !**	なんて暑いんだ！
□	122	**C’est à la mode.**	今，流行っています．
□	123	**C’est parfait.**	完璧です．結構です．
□	124	**C’est dommage.**	残念です．
□	125	**Ce n’est pas la peine.**	その必要はありません．それには及びません．
□	126	**C’est (bien) possible.**	そうかもしれません．可能です．
□	127	↔ **Ce n’est pas possible.**	そんなことはありえません．不可能です．
□	128	**Comme c’est beau !**	なんてきれいなのでしょう！
□	129	＝ **Que c’est beau !**	
□	130	**J’entends mal.**	よく聞こえません．

□	131	**Je suis d'accord avec vous.**	あなたと同じ意見です．
□	132	↔ Je ne suis pas d'accord avec vous.	あなたに賛成ではありません．
□	133	**Tu as l'air heureux.**	幸せそうだね．
□	134	**Tu as raison.**	君の言う通りです．
□	135	↔ Tu as tort.	君は間違っています．
□	136	**Vous allez mieux ?**	お元気になりましたか？

9. 誘い・提案・依頼・命令

🎧010

□	137	**J'ai un petit service à te [vous] demander.**	ちょっとお願いしたいことがあります．
□	138	**Je peux vous aider ?**	お手伝いしましょうか？ （店員が）何かお探しですか？
□	139	**Laisse-le [la] tranquille !**	彼［彼女］をそっとしておいて！
□	140	**Qu'est-ce que je peux faire pour vous ?**	何か私にできることがありますか？
□	141	**Suivez-moi, s'il vous plaît.**	こちらへどうぞ．
□	142	**Allez au lit, les enfants !**	子供たちは寝なさい！
□	143	**Dépêchez-vous !**	急ぎなさい！
□	144	**Je t'[vous] invite.**	おごるよ［ご招待します］．
□	145	**Si tu veux, on y va ensemble.**	もしよろしかったら，一緒に行きましょう．
□	146	**Silence !**	静かにして下さい！

10. 電話

011

□	147	**Ça ne répond pas.**	誰も出ません.
□	148	**Je suis désolé(e), vous vous trompez de numéro.**	すみません，番号をお間違いです.
□	149	**On vous demande au téléphone.**	あなたに電話ですよ.
□	150	**Pourriez-vous rappeler plus tard ?**	後ほどまた電話していただけませんか？
□	151	**Ne quittez pas, je vous le [la] passe.**	切らずにそのままお待ち下さい. 彼[彼女]に代わります.
□	152	**C'est de la part de qui ?**	どちら様でしょうか？
□	153	**C'est occupé.**	話し中です.
□	154	**Un instant, s'il vous plaît.**	ちょっとお待ち下さい.
□	155	＝ **Un moment, s'il vous plaît.**	

11. レストラン・カフェ・ホテル・店など・駅・空港・値段

1) レストラン・カフェ　012

□	156	**Certainement, monsieur [madame].**	もちろんです.
□	157	**Désolés, nous sommes complets.**	申し訳ありません，満席です.
□	158	**Quel est le plat du jour ?**	今日の定食の料理は何ですか？
□	159	**Qu'est-ce que je vous sers (comme boisson [dessert]) ?**	（飲み物[デザート]は）何になさいますか？

□	160	**Servez-vous.**	（大皿料理を前にして）どうぞご自由にお取り下さい.
□	161	**Vous avez choisi ?**	お選びになりましたか？
□	162	**Ça a l'air bon.**	おいしそうですね.
□	163	**La carte, s'il vous plaît.**	メニューをお願いします.
□	164	**Vous êtes combien ?**	何名様ですか？

2) ホテル 🎧013

□	165	**Je voudrais une chambre à 2 lits avec douche.**	シャワー付きのツインルームはありますか？
□	166	**Le petit déjeuner est compris ?**	朝食も含まれていますか？
□	167	**C'est combien par nuit ?**	1泊おいくらですか？
□	168	**Votre passeport, s'il vous plaît.**	パスポートをお願いします.

3) 店 🎧014

□	169	**Vous faites quelle taille ?**	あなたのサイズはいくつですか？
□	170	**Qu'est-ce que vous désirez ?**	（店員が客に向かって）何にいたしましょうか？
□	171	＝ **Vous désirez ?**	

4) 美術館など 🎧015

□	172	**Deux entrées [billets], s'il vous plaît.**	チケットを２枚お願いします.
□	173	**« Entrée libre »**	入場無料

5) 駅・空港 🎧016

☐	174	**C'est un vol [train] direct ?**	それは直行便［直行列車］ですか？
☐	175	**En première ou deuxième classe ?**	1等ですか，2等ですか？
☐	176	**Un aller simple ou un aller-retour ?**	片道切符ですか，往復切符ですか？
☐	177	**Un aller simple pour Nice, s'il vous plaît.**	ニース行きの片道切符をお願いします．

6) 値段・勘定 🎧017

☐	178	**Chacun paie sa part.**	割り勘にしましょう．
☐	179	**Gardez la monnaie.**	おつりは結構です．
☐	180	**Je vous dois combien ?**	おいくらになりますか？
☐	181	**Service compris**	サービス料込み
☐	182	**Vous payez en liquide ou par carte de crédit ?**	現金とクレジットカードのどちらでお支払いですか？
☐	183	**C'est (trop) cher.**	高い．［高すぎます．］
☐	184	↔ **C'est bon marché.**	安い．
☐	185	**C'est combien, s'il vous plaît ?**	すみません，おいくらですか？
☐	186	**Ce n'est pas très cher.**	あまり高くありません．
☐	187	**L'addition, s'il vous plaît.**	お勘定をお願いします．
☐	188	**Vous payez comment ?**	お支払いはどうなさいますか？

12. その他

018

□	189	**Au feu !**	火事だ！
□	190	**C’est la vie !**	世の中そんなものです！
□	191	**De toute façon, je dois partir.**	いずれにせよ，私は行かなければなりません．
□	192	**Qu’est-ce que ça veut dire ?**	どういう意味ですか？
□	193	**C’est en panne.**	故障中です．
□	194	**« Vous êtes ici. »**	『現在地』 ▹ 街路図などでの表示．

練習問題

日本語を参照して，（　　）内に最も適切な語・表現を書いて下さい．

1)	À ta (p　　　), j'accepterais.	君の立場だったら，承諾するでしょう．
2)	À tout de (s　　　) !	すぐ後で！
3)	À un de ces (j　　　) !	またそのうちに会いましょう！
4)	À votre (s　　　) !	乾杯！
5)	Allez au (l　　　), les enfants !	子供たちは寝なさい！
6)	Aucune (i　　　).	何も思いつきません．
7)	Bien (e　　　).	もちろんです．
8)	Bon (c　　　) !	頑張って！
9)	Bon (r　　　) !	気をつけてお帰り下さい！
10)	Bonne (a　　　) !	新年おめでとう！
11)	Bonne (j　　　) !	どうぞよい1日を！
12)	C'est à la (m　　　).	今，流行っています．
13)	C'est de la (p　　　) de qui ?	どちら様でしょうか？
14)	C'est (d　　　).	残念です．
15)	C'est en (p　　　).	故障中です．
16)	C'est (e　　　).	承知しました．
17)	C'est (p　　　).	それは同じことです．
18)	C'est (v　　　) ?	本当ですか？
19)	Ça a l'(a　　　) bon.	おいしそうですね．
20)	Ça (a　　　).	そういうこともあります．
21)	Ça (d　　　).	それは場合によります．
22)	Ça fait (l　　　) qu'on ne s'est pas vus.	久しぶりですね．
23)	Ça m'est (é　　　).	どちらでもかまいません．

【解答】 1) place　2) suite　3) jours　4) santé　5) lit　6) idée　7) entendu　8) courage　9) retour　10) année　11) journée　12) mode　13) part　14) dommage　15) panne　16) entendu　17) pareil　18) vrai　19) air　20) arrive　21) dépend　22) longtemps　23) égal

24) Ça me fait (p　　　)!　　それはうれしい！
25) Ça me (t　　　) beaucoup.　　感激です.
26) Ça ne (f　　　) rien.　　大したことではありません.
27) Ça (s　　　) comme ça !　　いいかげんにして下さい！
28) Ça y (e　　　) ! J'ai mon permis de conduire.　　やった！運転免許を取れた！
29) Ce n'est pas de ma (f　　　).　　それは私のせいじゃないです.
30) Ce n'est pas la (p　　　).　　その必要はありません.
31) Ce sera pour une autre (f　　　).　　また今度にしましょう.
32) (C　　　), monsieur [madame].　　もちろんですとも.
33) (C　　　) c'est beau !　　なんてきれいなのでしょう！
34) Comme d'(h　　　).　　いつものように.
35) Comment (d　　　) ?　　どう言えばいいのだろう？
36) (C　　　) faire ?　　どうすればいいのだろう？
37) D'(a　　　).　　わかりました.
38) De toute (f　　　), je dois partir.　　いずれにせよ，私は行かなければなりません.
39) En tout (c　　　), je suis pour cette idée.　　とにかく，私はその考えに賛成です.
40) Encore un (e　　　)!　　もうひと頑張り！
41) « Entrée (l　　　) »　　入場無料
42) Excusez-moi de vous (d　　　).　　お邪魔してすみません.
43) Faites comme (c　　　) vous.　　どうぞ楽にして下さい.
44) Il n'est pas en (f　　　).　　彼は元気がありません.
45) Il n'y a pas de (q　　　).　　どういたしまして.
46) Il n'y a rien à (f　　　).　　どうしようもありません.

【解答】 24) plaisir　25) touche　26) fait　27) suffit　28) est　29) faute　30) peine　31) fois　32) Certainement　33) Comme　34) habitude　35) dire　36) Comment　37) accord　38) façon　39) cas　40) effort　41) libre　42) déranger　43) chez　44) forme　45) quoi　46) faire

47)	J'ai (m　　　) au cœur.	吐き気がする.
48)	J'(a　　　) !	すぐ行きます！
49)	J'en suis (s　　　) !	それは確かです！
50)	J'entends (m　　　).	よく聞こえません.
51)	Je ferai de mon (m　　　).	できるだけのことはするつもりです.
52)	Je me sens (m　　　).	気分が悪いです.
53)	Je peux vous (a　　　) ?	お手伝いしましょうか？
54)	Je suis occupé(e) pour le (m　　　).	今のところ忙しい.
55)	Je t'(i　　　).	おごるよ.
56)	Je vous (d　　　) mon succès.	私の成功はあなたのおかげです.
57)	Je vous (é　　　).	お話をお伺いします.
58)	Je vous en prie, (a　　　) vous.	どうぞお先に.
59)	Je vous (l　　　).	お先に失礼します.
60)	Je vous le (p　　　).	(電話で) 彼に代わります.
61)	Je vous (r　　　) de votre aide.	助けていただき，ありがとうございます.
62)	Je vous remercie de votre (a　　　).	ご清聴ありがとうございました.
63)	L'(a　　　), s'il vous plaît.	お勘定をお願いします.
64)	La (c　　　), s'il vous plaît.	メニューをお願いします.
65)	Laisse-la (t　　　) !	彼女をそっとしておいて！
66)	Non, au (c　　　) !	いや，それどころじゃないよ！
67)	On va (v　　　).	ちょっと様子を見てみよう.
68)	On vous (d　　　) au téléphone.	あなたにお電話ですよ.
69)	Oui, je vous en (p　　　).	はい，お願いします.
70)	Oui, tout à (f　　　).	はい，その通りです.
71)	Pas (p　　　) !	ありえないよ！
72)	Pas (q　　　) !	とんでもない！

【解答】 47) **mal**　48) **arrive**　49) **sûr(e)**　50) **mal**　51) **mieux**　52) **mal**　53) **aider**　54) **moment**　55) **invite**　56) **dois**　57) **écoute**　58) **après**　59) **laisse**　60) **passe**　61) **remercie**　62) **attention**　63) **addition**　64) **carte**　65) **tranquille**　66) **contraire**　67) **voir**　68) **demande**　69) **prie**　70) **fait**　71) **possible**　72) **question**

73)	Permettez-moi de me (p　　　).	自己紹介させていただきます.
74)	(P　　　) pas ?	いいんじゃないの？
75)	Pouvez-vous parler plus (f　　　) ?	もっと大きな声で話してくれませんか？
76)	Prenez votre (t　　　) !	どうぞごゆっくり！
77)	Qu'est-ce que ça veut (d　　　) ?	どういう意味ですか？
78)	Qu'est-ce que vous faites dans la (v　　　) ?	お仕事は何ですか？
79)	Qu'est-ce qui se (p　　　) ?	何ごとですか？
80)	Quel âge lui (d　　　)-tu ?	彼［彼女］は何歳だと思う？
81)	(Q　　　) chaleur !	なんて暑いんだ！
82)	(Q　　　) de neuf ?	何か変わったことはありますか？
83)	(S　　　)-vous.	どうぞご自由にお取り下さい.
84)	(S　　　)-moi, s'il vous plaît.	こちらへどうぞ.
85)	Tant (m　　　) !	それはよかった！
86)	Tant (p　　　) !	しかたがない！
87)	Tu as (r　　　).	君の言う通りです.
88)	Tu as (t　　　).	君は間違っています.
89)	Un aller (s　　　) pour Nice, s'il vous plaît.	ニース行きの片道切符をお願いします.
90)	Un (i　　　), s'il vous plaît.	ちょっとお待ち下さい.
91)	(V　　　).	喜んで.
92)	Vous allez (m　　　) ?	お元気になりましたか？
93)	Qu'est-ce que vous (d　　　) ?	（店員）何にいたしましょうか？
94)	Vous faites quelle (t　　　) ?	あなたのサイズはいくつですか？
95)	Vous (v　　　) ?	お分かりでしょうか？

【解答】 73) **présenter** 74) **Pourquoi** 75) **fort** 76) **temps** 77) **dire** 78) **vie** 79) **passe** 80) **donnes** 81) **Quelle** 82) **Quoi** 83) **Servez** 84) **Suivez** 85) **mieux** 86) **pis** 87) **raison** 88) **tort** 89) **simple** 90) **instant** 91) **Volontiers** 92) **mieux** 93) **désirez** 94) **taille** 95) **voyez**

2

品詞別基本語彙・基本熟語

1. 名詞
2. 形容詞
3. 動詞
4. 副詞
5. 前置詞
6. 代名詞・不定形容詞・疑問形容詞

1. 名詞

1. 基本的な名詞

1) 人間

a. 一般的な「人」 019

□ 001	**personnage** 男	人物
□ 002	**population** 女	人口
□ 003	**public** 男	公衆，観客
□ 004	**personne** 女	人，人間
□ 005	**gens** 男複	人々

b. 家族・友人関係 020

□ 006	**neveu** 男	甥
□ 007	**nièce** 女	姪
□ 008	**oncle** 男	おじ
□ 009	**tante** 女	おば
□ 010	**cousin(e)** 男女	従兄弟・従姉妹
□ 011	**famille** 女	家族
□ 012	**parents** 男複	両親，父母
□ 013	**enfant** 男女	子供
□ 014	**mari** 男	夫
□ 015	**femme** 女	妻，女性
□ 016	**mariage** 男	結婚
□ 017	**ami(e)** 男女	友達

□	018 **camarade** 男女	仲間，友達
□	019 **copain** 男，**copine** 女	仲間，友達 ▷話し言葉.

c. 職種 021

□	020 **artiste** 男女	芸術家
□	021 **avocat(e)** 男女	弁護士
□	022 **boucher** 男，**bouchère** 女	肉屋（人） ▶店は boucherie 女
□	023 **coiffeur** 男，**coiffeuse** 女	理髪師，美容師
□	024 **boulanger** 男，**boulangère** 女	パン屋（人） ▶店は boulangerie 女
□	025 **écrivain** 男	作家
□	026 **médecin** 男	医者

d. 個人的な状態 022

□	027 **client(e)** 男女	客
□	028 **invité(e)** 男女	招待客
□	029 **retraité(e)** 男女	退職者
□	030 **voleur** 男，**voleuse** 女	泥棒
□	031 **voisin(e)** 男女	隣人

e. 個人情報 023

□	032 **naissance** 女	誕生
□	033 **adresse** 女	住所
□	034 **âge** 男	年齢

☐ 035	**anniversaire** 男	誕生日
☐ 036	**mort** 女	死
☐ 037	**nationalité** 女	国籍
☐ 038	**nom** 男	名前，姓
☐ 039	**prénom** 男	名
☐ 040	**profession** 女	職業

2) 服装・身につけるもの 024

☐ 041	**bijou** 男，**bijoux** 複	宝石
☐ 042	**casquette** 女	(ひさしのある) 帽子
☐ 043	**chemisier** 男	ブラウス
☐ 044	**écharpe** 女	マフラー
☐ 045	**foulard** 男	スカーフ
☐ 046	**gant** 男	(多く複で) 手袋
☐ 047	**taille** 女	身長，(服の) サイズ
☐ 048	**chemise** 女	シャツ
☐ 049	**costume** 男	背広，スーツ
☐ 050	**jupe** 女	スカート
☐ 051	**manteau** 男，**manteaux** 複	コート
☐ 052	**pantalon** 男	ズボン，スラックス
☐ 053	**robe** 女	ドレス，ワンピース
☐ 054	**veste** 女	上着，ジャケット
☐ 055	**vêtement** 男	服

□ 056 **chapeau** [男], **chapeau*x*** [複]	帽子
□ 057 **chaussette** [女]	(多く[複]で) 靴下
□ 058 **chaussure** [女]	(多く[複]で) 靴
□ 059 **cravate** [女]	ネクタイ
□ 060 **lunettes** [女][複]	眼鏡
□ 061 **montre** [女]	腕時計

3) 身の回りのもの 025

□ 062 **affaire** [女]	(多く[複]で) 身の回りのもの
□ 063 **ciseaux** [男][複]	ハサミ
□ 064 **dessin** [男]	デッサン，絵
□ 065 **jeu** [男], **jeu*x*** [複]	ゲーム，遊び
□ 066 **magazine** [男]	雑誌
□ 067 **parfum** [男]	香り，香水
□ 068 **poupée** [女]	人形
□ 069 **timbre** [男]	切手
□ 070 **argent** [男]	お金
□ 071 **boîte** [女]	箱
□ 072 **cadeau** [男], **cadeau*x*** [複]	プレゼント
□ 073 **carte** [女]	カード
□ 074 **cigarette** [女]	タバコ
□ 075 **clé [clef]** [女]	鍵
□ 076 **dictionnaire** [男]	辞書

☐ 077	**enveloppe** 女	封筒
☐ 078	**journ*al*** 男, **journ*aux*** 複	新聞，日記
☐ 079	**lettre** 女	手紙，文字
☐ 080	**ordinateur** 男	コンピュータ
☐ 081	**parapluie** 男	傘
☐ 082	**photo(graphie)** 女	写真
☐ 083	**portable** 男	携帯電話 = téléphone portable 男
☐ 084	= **smartphone** 男	スマートフォン
☐ 085	**portefeuille** 男	財布
☐ 086	**revue** 女	雑誌，定期刊行物
☐ 087	**sac** 男	バッグ，カバン，袋
☐ 088	**tableau** 男, **tablea*ux*** 複	絵，表，掲示板

4) 身体 🎧026

☐ 089	**cœur** 男	心臓，心
☐ 090	**corps** 男	身体
☐ 091	**dos** 男	背中
☐ 092	**peau** 女, **peau*x*** 複	肌
☐ 093	**visage** 男	顔
☐ 094	**bras** 男	腕
☐ 095	**cheveu** 男, **cheveu*x*** 複	髪
☐ 096	**jambe** 女	脚
☐ 097	**main** 女	手

□ 098 **nez** 男	鼻
□ 099 **œil** 男, ***yeux*** 複	目
□ 100 **oreille** 女	耳
□ 101 **pied** 男	足
□ 102 **tête** 女	頭
□ 103 **ventre** 男	腹
□ 104 **voix** 女	声

5) 趣味・スポーツ　027

□ 105 **équipe** 女	チーム
□ 106 **marche** 女	歩くこと，ウォーキング
□ 107 **film** 男	映画　▷ 個々の作品
□ 108 **cinéma** 男	(ジャンルとしての) 映画
□ 109 **lecture** 女	読書
□ 110 **musique** 女	音楽
□ 111 **peinture** 女	絵画
□ 112 **promenade** 女	散歩

6) 食べ物・飲み物・食卓　028

□ 113 **nourriture** 女	食べ物，食品
□ 114 **repas** 男	食事
□ 115 **pain** 男	パン
□ 116 **baguette** 女	バゲット

□	117	**riz** 男	米
□	118	**viande** 女	肉
□	119	**poisson** 男	魚
□	120	**légume** 男	野菜
□	121	**fraise** 女	いちご
□	122	**fruit** 男	果物
□	123	**pomme** 女	りんご
□	124	**confiture** 女	ジャム
□	125	**fromage** 男	チーズ
□	126	**gâteau** 男, **gâteaux** 複	菓子，ケーキ
□	127	**eau** 女	水 ▸ **eau minérale** ミネラルウォーター
□	128	**vin** 男	ワイン
□	129	**lait** 男	ミルク，牛乳
□	130	**assiette** 女	皿
□	131	**baguettes** 女複	箸
□	132	**couteau** 男, **couteaux** 複	ナイフ
□	133	**cuillère** 女	スプーン = **cuiller** 女
□	134	**fourchette** 女	フォーク
□	135	**menu** 男	(レストランの) 定食，献立
□	136	**plat** 男	(個々の) 料理，大きな皿
□	137	**tasse** 女	カップ
□	138	**verre** 男	グラス，コップ

7) 住居 029

□	139	**garage** 男	ガレージ
□	140	**mur** 男	壁
□	141	**sofa** 男	ソファー
□	142	＝ **canapé** 男	
□	143	**toit** 男	屋根
□	144	**appartement** 男	アパルトマン，マンション
□	145	**chambre** 女	寝室
□	146	**cuisine** 女	台所，料理
□	147	**douche** 女	シャワー
□	148	**fenêtre** 女	窓
□	149	**maison** 女	家
□	150	**pièce** 女	部屋
□	151	**porte** 女	ドア，門
□	152	**salle** 女	(特定目的の) 部屋
□	153	**salon** 男	リビングルーム
□	154	**bureau** 男， **bureau*x*** 複	机，会社
□	155	**chaise** 女	椅子
□	156	**lit** 男	ベッド
□	157	**table** 女	テーブル
□	158	**ascenseur** 男	エレベータ
□	159	**jardin** 男	庭

8) 日常の活動 🎧030

□	160	**achat** 男	購入，（多く複で）買い物
□	161	**invitation** 女	招待
□	162	**ménage** 男	家事 ▷特に家の掃除
□	163	**courses** 女複	買い物
□	164	**rendez-vous** 男	会う約束
□	165	**réservation** 女	予約

9) イベント・出来事 🎧031

□	166	**événement [évènement]** 男	出来事，イベント，行事
□	167	**guerre** 女	戦争
□	168	**accident** 男	事故
□	169	**concours** 男	選抜試験，コンクール
□	170	**exposition** 女	展覧会
□	171	**fête** 女	祭り，祝い事，パーティー
□	172	**match** 男	試合

10) 施設・建物など 🎧032

□	173	**bâtiment** 男	建物
□	174	**carrefour** 男	交差点
□	175	**immeuble** 男	（数階建ての）大きな建物，ビル
□	176	**monument** 男	記念建造物
□	177	**usine** 女	工場

□ 178 **avenue** 女	大通り
□ 179 **bibliothèque** 女	図書館
□ 180 **boutique** 女	店 ▷普通，洋服やアクセサリーのお店.
□ 181 **centre** 男	センター，中心
□ (108) **cinéma** 男	映画館
□ 182 **église** 女	教会
□ 183 **magasin** 男	店 ▸ **grand magasin** 男 デパート
□ 184 **marché** 男	市場，マーケット
□ 185 **musée** 男	美術館
□ 186 **parc** 男	公園
□ 187 **piscine** 女	プール
□ 188 **place** 女	広場，スペース
□ 189 **police** 女	警察
□ 190 **poste** 女	郵便局
□ 191 **rue** 女	(町中の) 通り，街路
□ 192 **supermarché** 男	スーパーマーケット

11) 学校・勉強 🎧033

□ 193 **enseignement** 男	教育
□ 194 **éducation** 女	教育
□ 195 **faculté** 女	学部，大学
□ 196 **école** 女	学校
□ 197 **élève** 男女	生徒

□ 198	**collège** 男	中学校
□ 199	**collégi*en*** 男, **collégi*enne*** 女	中学生
□ 200	**lycée** 男	高校
□ 201	**lycé*en*** 男, **lycé*enne*** 女	高校生
□ 202	**professeur(e)** 男女	(中等教育以上の) 教師, 教授, 先生
□ 203	**université** 女	大学
□ 204	**étudiant(e)** 男女	学生
□ 205	**classe** 女	クラス, 授業
□ 206	**cours** 男	授業, 講義
□ 207	**devoir** 男	宿題, 義務
□ 208	**étude** 女	勉強, 研究 ▸ **études** 複 学業
□ 209	**examen** 男	試験
□ 210	**exercice** 男	練習, 練習問題, 運動
□ 211	**leçon** 女	(教科書の) 課, (生徒がなすべき) 課業, 授業

12) 会社・仕事 034

□ 212	**commande** 女	注文
□ 213	**emploi** 男	雇用, 職
□ 214	**employé(e)** 男女	従業員, 社員
□ 215	**entreprise** 女	企業, 会社
□ 216	**marchandise** 女	商品

□ 217	**métier** 男	職業，仕事　▷経験を要する職人仕事.
□ (040)	＝ profession 女	職業
□ 218	**produit** 男	産物，製品
□ 219	**réunion** 女	会議，集会
□ 220	**supérieur(e)** 男女	上司
□ 221	**collègue** 男女	同僚
□ 222	**direc*teur*** 男，**direc*trice*** 女	長　▷社長，校長など.
□ 223	**économie** 女	経済
□ 224	**société** 女	会社，社会
□ 225	**trav*ail*** 男	仕事　▸**trav*aux*** 複　工事

13) 病院・病気　🎧035

□ 226	**malade** 男女	病人
□ 227	**maladie** 女	病気
□ 228	**médecine** 女	医学
□ 229	**médicament** 男	薬
□ 230	**patient(e)** 男女	患者
□ 231	**fièvre** 女	熱
□ 232	**hôpit*al*** 男，**hôpit*aux*** 複	病院
□ 233	**santé** 女	健康

14) 旅行・観光・交通　🎧036

□ 234	**camion** 男	トラック

235	**guichet** 男	窓口
236	**horaire** 男	時刻表
237	**plan** 男	地図，計画
238	**tourisme** 男	観光
239	**transport** 男	輸送，交通
240	**visite** 女	見物，訪問
241	**visiteur** 男， **visiteuse** 女	見物客，訪問客
242	**vol** 男	飛行便，フライト
243	**voyageur** 男， **voyageuse** 女	旅行者
244	**aéroport** 男	空港
245	**avion** 男	飛行機
246	**bateau** 男， **bateaux** 複	船
247	**billet** 男	切符，チケット
248	**bus** 男	バス
249	= autobus 男	
(073)	**carte** 女	地図
250	**château** 男， **châteaux** 複	城
251	**étranger** 男， **étrangère** 女	外国人
252	**gare** 女	(鉄道の) 駅
253	**guide** 男女	ガイド，ガイドブック (男)
254	**hôtel** 男	ホテル
255	**paysage** 男	風景
256	**port** 男	港

□ 257	**TGV** 男	フランス新幹線
□ 258	**touriste** 男女	観光客
□ 259	**train** 男	電車，列車
□ 260	**vacances** 女複	バカンス
□ 261	**valise** 女	スーツケース
□ 262	**vélo** 男	自転車
□ 263	**voiture** 女	自動車
□ 264	= automobile 女	
□ 265	**voyage** 男	旅行

15) 地理・自然 037

□ 266	**banlieue** 女	郊外
□ 267	**endroit** 男	場所
□ 268	**environnement** 男	環境
□ 269	**État** 男	国家，（米国の）州
□ 270	**fleuve** 男	大河
□ 271	**île** 女	島
□ 272	**lac** 男	湖
□ 273	**lieu** 男	場所
□ 274	**monde** 男	世界，人々 ▸ **tout le monde** みんな
□ 275	**mont** 男	（固有名詞を伴って）〜山 ▸ **le mont Fuji** 富士山
□ 276	**pierre** 女	石

□	277	**province** 女	(首都に対する) 地方
□	278	**route** 女	道路
□	279	**univers** 男	宇宙
□	280	**campagne** 女	田舎
□	281	**capitale** 女	首都
□	282	**chemin** 男	道
□	283	**ciel** 男	空
□	284	**étoile** 女	星
□	285	**lune** 女	月
□	286	**mer** 女	海
□	287	**montagne** 女	山
□	288	**nature** 女	自然
□	289	**nuage** 男	雲
□	290	**plage** 女	浜辺, 海岸
□	291	**quartier** 男	地区
□	292	**région** 女	地方, 地域
□	293	**soleil** 男	太陽
□	294	**rivière** 女	川
□	295	**village** 男	村
□	296	**ville** 女	都市, 町

16)　動植物　🎧038

□	297	**chev*al*** 男, **chev*aux*** 複	馬

□ 298 **herbe** 女	草
□ 299 **plante** 女	植物
□ 300 **anim*al*** 男, **anim*aux*** 複	動物
□ 301 **lapin** 男	ウサギ
□ 302 **lion** 男	ライオン
□ 303 **oiseau** 男, **oiseaux** 複	鳥
□ 304 **vache** 女	雌牛
□ 305 **arbre** 男	木
□ 306 **bois** 男	林，木材
□ 307 **fleur** 女	花
□ 308 **forêt** 女	森

17) 感情を表す名詞 🎧039

□ 309 **amour** 男	愛
□ 310 **bonheur** 男	幸福
□ 311 ↔ **malheur** 男	不幸
□ 312 **confiance** 女	信頼，自信
□ 313 **espoir** 男	希望
□ 314 **intérêt** 男	興味，利益
□ 315 **joie** 女	喜び
□ 316 **passion** 女	情熱，熱中の対象
□ 317 **courage** 男	勇気
□ 318 **plaisir** 男	楽しみ

18) 行為およびその結果を表す名詞 🎧040

☐	319	**absence** 女	不在，欠席
☐	320	↔ **présence** 女	出席
☐	321	**action** 女	行動，行為
☐	322	**activité** 女	活動
☐	323	**appel** 男	(来るように)呼ぶこと，点呼
☐	324	**avis** 男	意見
☐	325	**choix** 男	選択
☐	326	**conseil** 男	アドバイス，助言
☐	327	**construction** 女	建築
☐	328	**décision** 女	決定
☐	329	**demande** 女	要求
☐	330	**développement** 男	発展
☐	331	**émission** 女	放送，番組
☐	332	**erreur** 女	誤り，間違い
☐	333	**expérience** 女	経験
☐	334	**expression** 女	表現
☐	335	**faute** 女	過ち，間違い
☐	336	**mouvement** 男	動き，運動
☐	337	**panne** 女	故障
☐	338	**progrès** 男	進歩
☐	339	**promesse** 女	約束

□ 340 **retraite** 女	退職，年金
□ 341 **réussite** 女	成功
□ 342 **rôle** 男	役，役割
□ 343 **séjour** 男	滞在
□ 344 **séparation** 女	分けること，別れ，分離
□ 345 **sourire** 男	微笑み
□ 346 **succès** 男	成功
□ 347 **tour** 男	回転，周り，一周
□ 348 **arrivée** 女	到着
□ 349 ↔ départ 男	出発
□ 350 **communication** 女	コミュニケーション
□ 351 **effort** 男	努力
□ 352 **entrée** 女	入ること，入場，入学，入社
□ 353 **explication** 女	説明
□ 354 **idée** 女	考え，アイデア
□ 355 **question** 女	質問
□ 356 **rêve** 男	夢
□ 357 **sommeil** 男	眠り
□ 358 **sortie** 女	出口，外出

19) 概念を表す抽象名詞 041

□ 359 **avantage** 男	利点
□ 360 ↔ inconvénient 男	難点

□	361	**augmentation** 囡	増加
□	362	↔ **baisse** 囡	低下
□	363	**beauté** 囡	美，美しさ
□	364	**but** 男	目的
□	365	**cas** 男	場合，ケース
□	366	**changement** 男	変化
□	367	**condition** 囡	条件
□	368	**connaissance** 囡	(多く複で) 知識
□	369	**danger** 男	危険
□	370	**détail** 男	細部
□	371	**différence** 囡	相違
□	372	**difficulté** 囡	困難
□	373	**distance** 囡	距離
□	374	**droit** 男	権利，法，法律
□	375	**effet** 男	効果，影響
□	376	**état** 男	状態，状況
□	377	**façon** 囡	やり方，方法
□	378	= **manière** 囡	
□	379	**forme** 囡	形
□	380	**genre** 男	種類
□	381	**goût** 男	味，センス，趣味
□	382	**groupe** 男	集まり，集団，グループ
□	383	**image** 囡	映像，絵，イメージ

☐	384	**indépendance** 囡	独立，自立
☐	385	**information** 囡	情報，（多く複で）ニュース
☐	386	**intérieur** 男	内部
☐	387	↔ **extérieur** 男	外部
☐	388	**liberté** 囡	自由
☐	389	**loi** 囡	法，法律
☐	390	**modèle** 男	手本，模範，型
☐	391	**moyen** 男	手段，方策，方法
☐	392	**opinion** 囡	意見
☐	393	**paix** 囡	平和
☐	394	**patience** 囡	忍耐
☐	395	**point** 男	点，ポイント
☐	396	**pouvoir** 男	権力，能力
☐	397	**qualité** 囡	質，長所
☐	398	**rapport** 男	かかわり，報告（書），レポート
☐	399	**réalité** 囡	現実
☐	400	**relation** 囡	関係
☐	401	**renseignement** 男	情報
☐	402	**résultat** 男	結果
☐	403	**scène** 囡	舞台，場面，光景
☐	404	**secret** 男	秘密
☐	405	**sens** 男	意味，感覚，方向
☐	406	**silence** 男	沈黙，静けさ

□ 407 **situation** 女	状態，状況
□ 408 **sorte** 女	種類
□ 409 **souvenir** 男	思い出，おみやげ
□ 410 **style** 男	様式 ▸ **style de vie** ライフスタイル
□ 411 **sujet** 男	主題，テーマ
□ 412 **suite** 女	続き
□ 413 **système** 男	システム，制度
□ 414 **type** 男	型，タイプ
□ 415 **vérité** 女	真実
□ 416 **besoin** 男	必要
□ 417 **cause** 女	原因
□ 418 **chose** 女	物，こと
□ 419 **culture** 女	文化，栽培
□ 420 **habitude** 女	習慣
□ 421 **histoire** 女	話，歴史，物語
□ 422 **mode** 女	流行，ファッション
□ 423 **problème** 男	問題
□ 424 **projet** 男	計画，プロジェクト
□ 425 **raison** 女	理由，理性
□ 426 **vie** 女	人生，生命，生活

20) 言語に関する名詞 042

□ 427 **note** 女	メモ，成績

□	428	**roman** 男	小説
□	429	**langue** 女	言語
□	430	**mot** 男	単語，言葉
□	431	**nouvelle** 女	知らせ，便り，（多く複で）ニュース

21) 天候 🎧043

□	432	**chaleur** 女	暑さ
□	433	↔ **froid** 男	寒さ
□	434	**météo** 女	天気予報
□	435	**orage** 男	雷雨
□	436	**tempête** 女	暴風雨，嵐
□	437	**neige** 女	雪
□	438	**pluie** 女	雨
□	439	**vent** 男	風

22) 時の表現

a. 1日の時間帯 🎧044

□	440	**matinée** 女	午前中
□	441	**jour** 男	日，曜日
□	442	**journée** 女	（日の出から日没までの）1日，日中
□	443	**matin** 男	朝
□	444	**après-midi** 男	午後

☐ 445	**soirée** 女	(日没から就寝までの) 夜の時間, (夜の) パーティー
☐ 446	**nuit** 女	夜

b.　いろいろな時間　🎧045

☐ 447	**avenir** 男	将来, 未来
☐ 448	**commencement** 男	始まり
☐ 449	= **début** 男	
☐ 450	↔ **fin** 女	終わり
☐ 451	**date** 女	期日, 日付
☐ 452	**enfance** 女	子供時代
☐ 453	**époque** 女	時代, 時期
☐ 454	**futur** 男	将来, 未来
☐ 455	**jeunesse** 女	若さ, 青春時代
☐ 456	**passé** 男	過去
☐ 457	**période** 女	期間, 時期
☐ 458	**présent** 男	現在
☐ 459	**an** 男	年, 歳　▸ **5 ans**　5年, 5歳
☐ 460	**année** 女	年, 学年
☐ 461	**heure** 女	時間, ～時
☐ 462	**minute** 女	分
☐ 463	**mois** 男	月
☐ 464	**moment** 男	瞬時, 短時間
☐ 465	**semaine** 女	週

□	466	**siècle**	男	世紀
□	467	**temps**	男	時，時間，天気

23) 物とその形状 046

□	468	**ligne**	女	線，路線
□	469	**moitié**	女	半分
□	470	**objet**	男	物体，対象
□	471	**odeur**	女	匂い
□	472	**ombre**	女	陰，影
□	473	**partie**	女	部分
□	474	**poids**	男	重さ，体重
□	475	**son**	男	音
□	476	**bruit**	男	物音，騒音
□	477	**couleur**	女	色

24) 数・計量単位 047

□	478	**centaine**	女	約100
□	479	**chiffre**	男	数字
□	480	**dizaine**	女	約10
□	481	**gramme**	男	グラム
□	482	**millier**	男	約1000
□	483	**million**	男	百万
□	484	**nombre**	男	数

☐	485	**kilogramme** 男	キログラム =kilo 男
☐	486	**litre** 男	リットル

25) その他 🎧048

☐	487	**appareil** 男	器具，装置
☐	488	**bouton** 男	ボタン，スイッチ
☐	489	**caisse** 女	レジ，箱
☐	490	**coin** 男	角，隅
☐	491	**machine** 女	機械
☐	(150)	**pièce** 女	(単位としての) 1個，コイン
☐	492	**côté** 男	側 (がわ)
☐	493	**euro** 男	ユーロ
☐	494	**Internet** 男	インターネット
☐	495	**prix** 男	値段，(多く複で) 物価，賞

2. 名詞＋前置詞＋名詞，その他

1) 名詞＋ de ＋名詞 🎧049

☐ 496 **accident de la route** 男	**交通事故**
Il y a eu un grave **accident de la route** près de chez nous.	私たちの家の近くで，重大な交通事故がありました．
☐ 497 **agent de police** 男	**警官**
Il y avait des **agents de police** partout pour cet événement.	このイベントのために，至るところに警官がいました．
☐ 498 **ami(e) d'enfance** 男女	**幼友達**
À la fin de l'année, je rencontre toujours mes **amis d'enfance**.	年末にいつも幼友達に会います．
☐ 499 **animal de compagnie** 男	**ペット**
On ne sait pas quel **animal de compagnie** choisir pour nos grands-parents.	私たちは祖父母にどんなペットを選べばいいのか分かりません．
☐ 500 **argent de poche** 男	**小遣い**
Mon fils me demande toujours plus d'**argent de poche**.	私の息子はいつも小遣いの増加を要求しています．
☐ 501 **billet (de banque)** 男	**紙幣**
☐ 502 ▶ **billet de ... euro(s)**	**～ユーロ札**
Je n'ai qu'un **billet de** 10 **euros**.	10ユーロ札1枚しか持っていません．
☐ 503 **pièce [carte] d'identité** 女	**身分証明書** ▷ **carte d'identité** フランスで当局が発行する．
Avez-vous une **pièce d'identité**, s'il vous plaît ?	身分証明書をお持ちですか？

□ 504 **chauffeur de taxi** 男	**タクシー運転手**
Il a travaillé comme **chauffeur de taxi** pendant plus de 30 ans.	彼は30年以上，タクシー運転手として働きました．
□ 505 **chef d'entreprise** 男	**企業主**
Ce **chef d'entreprise** prend soin de ses employés.	その企業主はよく従業員の面倒を見ています．
□ 506 **chemin de fer** 男	**鉄道** ▸ **ligne de chemin de fer** 女 鉄道路線
La ligne de **chemin de fer** passe tout près de chez moi.	鉄道の路線が私の家のすぐ近くを通っています．
□ 507 **chiffre d'affaires** 男	**総売上高**
Le **chiffre d'affaires** de cette entreprise devient de plus en plus important.	この企業の総売上高はますます増えています．
□ 508 **date de naissance** 女	**生年月日**
Quelle est votre **date de naissance** ?	あなたの生年月日はいつですか？
□ 509 **façon [manière] de parler** 女	**話し方** ▸ **façon de vivre** 生き方
Je n'aime pas sa **façon de parler**.	私は彼[彼女]の話し方が好きではありません．
□ 510 **genre d'événement** 男	**イベントの種類**
Ce **genre d'événement** attire toujours beaucoup de jeunes.	この種のイベントはいつもたくさんの若い人を引きつけます．

☐ 511 **homme** 男 **[femme** 女**] d'affaires**	ビジネスマン［ウーマン］ ▶ **voyage d'affaires** 出張旅行
Beaucoup d'**hommes d'affaires** séjournent dans cet hôtel.	たくさんのビジネスマンがこのホテルに泊まっています.
☐ 512 **jour de congé** 男	休日
Il m'est difficile de prendre des **jours de congé** maintenant.	今は休日を取るのは難しい.
☐ 513 **jour de l'an** 男	元旦
Nous avons passé le **jour de l'an** en famille.	私たちは元旦を家族だけで過ごしました.
☐ 514 **lieu de travail** 男	仕事場
Mon **lieu de travail** est assez éloigné du centre-ville.	私の仕事場は町の中心からかなり離れています.
☐ 515 **moyen de transport** 男	交通機関
Il n'y a pas de **moyen de transport** en commun pour aller dans ce village.	その村へ行くための公共交通機関はありません.
☐ 516 **plan de la ville** 男	町の地図
Je vais aller à l'office du tourisme pour avoir un **plan de la ville**.	私はこの町の地図をもらいに観光案内所に行ってきます.
☐ 517 **plat du jour** 男	今日の定食の料理，日替わり料理
Je prends le **plat du jour**.	今日の定食の料理にします.
☐ 518 **problème de santé** 男	健康問題
Mon père a eu récemment quelques **problèmes de santé**.	私の父は最近いくつかの健康上の問題がありました.

☐ 519 **projet de voyage** 男	旅行の計画
Tu as des **projets de voyage** pour cet été ?	今年の夏，旅行の予定はありますか？
☐ 520 **ville de province** 女	地方都市
Nous habitons dans une petite **ville de province.**	私たちは小さな地方都市に住んでいます．
☐ 521 **accident de voiture** 男	自動車事故
☐ 522 **arrêt d'autobus** 男	バス停
☐ 523 **carte d'étudiant** 女	学生証
☐ 524 **carte de crédit** 女	クレジットカード
☐ 525 **chambre d'hôtel** 女	ホテルの部屋
☐ 526 **club de sport** 男	スポーツクラブ
☐ 527 **concours de piano** 男	ピアノコンクール
☐ 528 **école de langues** 女	語学学校
☐ 529 **jus d'orange** 男	オレンジジュース
☐ 530 **livre de cuisine** 男	料理本
☐ 531 **lunettes de soleil** 女複	サングラス
☐ 532 **match de football** 男	サッカーの試合
☐ 533 **nom de famille** 男	姓，名字
☐ 534 **numéro de téléphone** 男	電話番号

2) 名詞＋ à ＋名詞・不定詞 050

☐ 535 **boîte à [aux] lettres** 女	郵便受け，郵便ポスト
Il y a une **boite à lettres** devant la mairie.	市役所の前に郵便ポストがあります．

□ 536 **chose à faire** 女	やるべきこと
Nous avons beaucoup de **choses à faire** cette semaine.	私たちは今週，やるべきことがたくさんあります．
□ 537 **papier à lettres** 男	便せん
Je dois acheter du **papier à lettres**.	私は便せんを買わなければなりません．
□ 538 **sac à dos** 男	リュックサック
Mon **sac à dos** est vraiment trop lourd.	私のリュックは本当に重すぎます．
□ 539 **sac à main** 男	ハンドバッグ
Elle vient d'acheter ce **sac à main**.	彼女はこのハンドバッグを買ったところです．
□ 540 **chambre à un lit** 女	シングルルーム
□ 541 **salle à manger** 女	ダイニングルーム
□ 542 **tasse à café [à thé]** 女	コーヒー［ティー］カップ

3) その他 🎧051

□ 543 **aller simple** 男	片道切符
□ 544 **aller-retour** 男	往復切符
Je voudrais un **aller simple** pour Quimper, s'il vous plaît.	キャンペール行きの片道切符を下さい．
□ 545 **caisse automatique** 女	セルフレジ
Vous avez des **caisses automatiques** là-bas.	向こうにセルフレジがあります．

□ 546 **carte postale** 女	**絵はがき**
Je vais acheter des **cartes postales** de cette région.	私はこの地方の絵はがきを買うつもりです.
□ 547 **centre culturel** 男	**文化センター**
Près de chez moi, il y a un grand **centre culturel**.	家の近くに大きな文化センターがあります.
□ 548 **jour férié** 男	**祭日，祝日**
En mai, il y a beaucoup de **jours fériés**.	5 月は祝日がたくさんあります.
□ 549 **monument historique** 男	**歴史的建造物**
Nous avons visité les principaux **monuments historiques** de la ville.	私たちはこの町の主要な歴史的記念物を見物しました.
□ 550 **personne âgée** 女	**年寄り**
Le nombre de **personnes âgées** est très élevé dans notre quartier.	私たちの地区は老人の数が非常に多い.
□ 551 **petits-enfants** 男複	**孫たち**
□ 552 **petit-fils** 男	**孫 (▷ 男の子)**
□ 553 **petite-fille** 女	**孫 (▷ 女の子)**
Nous avons trois **petits-enfants** : deux **petites filles** et un **petit-fils**.	私たちは孫が 3 人います. 女の子 2 人と男の子 1 人です.
□ 554 **point commun** 男	**共通点**
J'ai beaucoup de **points communs** avec lui.	私は彼と多くの共通点があります.
□ 555 **premier prix** 男	**一等賞**
Il n'a pas gagné le **premier prix**.	彼は一等賞は獲得できませんでした.

□ 556 **situation économique** 女	経済状況
□ 557 **situation politique** 女	政治状況
La **situation économique [politique]** de notre pays n'est pas très bonne.	私たちの国の経済［政治］情勢は，あまりよくありません．
□ 558 **vie quotidienne** 女	日常生活
Ce sont les problèmes de la **vie quotidienne**.	それは日常生活の問題です．
□ 559 **vol direct** 男	直行便
Je prends un **vol direct** pour Paris.	私はパリ行きの直行便に乗ります．
□ 560 **appareil photo** 男	カメラ
□ 561 **demi-heure** 女	半時間，30 分
□ 562 **étudiant(e) en droit** 男女	法学部の学生
□ 563 **grands-parents** 男複	祖父母
□ 564 **maison en bois** 女	木造住宅

2. 形容詞

1. 基本的な形容詞

1) 人を修飾する形容詞

a. 人の性質を表す形容詞 🎧052

□	001	**paresseu*x*, paresseu*se***	怠惰な
□	002	**timide**	内気な
□	003	**intelligent(*e*)**	頭のよい，聡明な
□	004	**sérieu*x*, sérieu*se***	真面目な

b. 人の外観を表す形容詞 🎧053

□	005	**élégant(*e*)**	優雅な，上品な
□	006	**maigre**	やせた
□	007	≒ mince	細い，スラリとした
□	008	↔ gros, gros*se*	太った
□	009	**mignon, mignon*ne***	かわいい
□	010	**jeune**	若い
□	011	↔ vieux / *vieil, vieille*	年老いた
□	012	＝ âgé(*e*)	年老いた ▹ vieux より丁寧.

c. 人の状態を表す形容詞 🎧054

□	013	**célibataire**	独身の
□	014	↔ marié(*e*)	結婚している
□	015	**pressé(*e*)**	急いでいる

□ 016	**assis(*e*)**	座っている
□ 017	**fatigué(*e*)**	疲れた
□ 018	**malade**	病気の
□ 019	**pauvre**	貧しい，(▷名詞の前で)かわいそうな
□ 020	↔ riche	金持ちの

2) ものを修飾する形容詞

a. ものの性質を表す形容詞 🎧055

□ 021	**automatique**	自動的な
□ 022	**bref, *brève***	(時間的に)短い，簡潔な
□ 023	**contraire**	反対の
□ 024	**culturel, culturel*le***	文化の，文化的な
□ 025	**délicieu*x*, délicieu*se***	おいしい
□ 026	**dur(*e*)**	硬い，堅い
□ 027	↔ mou, *molle*	柔らかい
□ 028	**économique**	経済の，経済的な
□ 029	**évident(*e*)**	明白な
□ 030	**exact(*e*)**	正確な
□ 031	**fréquent(*e*)**	頻繁な
□ 032	**historique**	歴史の，歴史的な
□ 033	**horrible**	恐ろしい，ぞっとする
□ 034	**intérieur(*e*)**	内側の，国内の
□ 035	↔ extérieur(*e*)	外側の，外国との

☐	036	**normal(e)**	当然の，普通の ▸ **norm*aux*** 男複
☐	037	**obligatoire**	義務的な，避けられない
☐	038	**original(e)**	独創的な ▸ **origin*aux*** 男複
☐	039	**particulie*r*, particuliè*re***	特殊な，個人の
☐	040	**pénible**	つらい
☐	041	**précieu*x*, précieu*se***	貴重な
☐	042	**principal(e)**	主要な ▸ **princip*aux*** 男複
☐	043	**privé(e)**	私的な，民間の，プライベートの
☐	044	**pur(e)**	純粋な，澄んだ
☐	045	**quotidien, quotidien*ne***	毎日の，日常の
☐	046	**rare**	珍しい，まれな
☐	047	**réel, réel*le***	現実の，実際の
☐	048	**social(e)**	社会の，社会的な ▸ **soci*aux*** 男複
☐	049	**touristique**	観光の
☐	050	**chaud(e)**	暑い，熱い
☐	051	↔ froid(e)	寒い，冷たい
☐	052	**clair(e)**	明るい，明快な
☐	053	↔ sombre	暗い
☐	054	**frais, *fraîche***	新鮮な，冷たい，涼しい
☐	055	**général(e)**	一般的な，全体的な ▸ **génér*aux*** 男複

□ 056	**gratuit(*e*)**	無料の，ただの
□ 057	**grave**	深刻な，重大な
□ 058	**moderne**	現代の，近代の，モダンな
□ 059	**possible**	可能な
□ 060	↔ impossible	不可能な
□ 061	**pratique**	便利な，実用的な
□ 062	**rapide**	速い
□ 063	↔ lent(*e*)	遅い

b.　ものの状態を表す形容詞　🎧056

□ 064	**comple*t*, complè*te***	全部そろった，満員の
□ 065	**confortable**	快適な
□ 066	**entie*r*, enti*ère***	すべての，全体の ▸ **dans le monde entier**　全世界で
□ 067	**interdit(*e*)**	禁じられた
□ 068	**total(*e*)**	全体の　▸ **tot*aux***　男複
□ 069	**ancien, ancien*ne***	古い，昔の
□ 070	**fermé(*e*)**	閉まっている
□ 071	↔ ouvert(*e*)	開いている
□ 072	**plein(*e*)**	いっぱいの，満員の
□ 073	↔ vide	空の，空いている
□ 074	**neuf, *neuve***	新品の
□ (011)	↔ vieux / *vieil, vieille*	古い

☐	075	**profond(*e*)**	深い
☐	076	**propre**	清潔な，（▷ 所有形容詞と共に名詞の前で）～自身の
☐	077	↔ sale	汚い
☐	078	**sec, *sèche***	乾いた，乾燥した
☐	079	**voisin(*e*)**	隣の，近くの

3)　人・ものの両方を修飾する形容詞　057

☐	080	**amusant(*e*)**	楽しい，面白い
☐	081	**asiatique**	アジアの
☐	082	**bizarre**	奇妙な，変な
☐	083	**charmant(*e*)**	魅力的な
☐	084	**commun(*e*)**	共通の
☐	085	**compliqué(*e*)**	複雑な
☐	086	**connu(*e*)**	知られている
☐	087	↔ inconnu(*e*)	未知の，無名の
☐	088	**curieu*x*, curieu*se***	好奇心の強い，（▷ 多くの場合，名詞の前で）奇妙な
☐	089	**dangereu*x*, dangereu*se***	危険な
☐	090	**direct(*e*)**	直接の，直行の（電車・飛行便）
☐	091	**divers(*e*)**	さまざまな，いろいろな，（▷ 名詞の前で）いくつかの
☐	092	**ennuyeu*x*, ennuyeu*se***	退屈な

☐ 093	**étonnant(*e*)**	驚くべき，意外な
☐ 094	**étrange**	奇妙な，不思議な
☐ 095	**européen, européen*ne***	ヨーロッパの
☐ 096	**fatigant(*e*)**	疲れる
☐ 097	**fau*x*, fau*sse***	誤った，偽の
☐ 098	↔ vrai(*e*)	本当の，真実の，正しい
☐ 099	＝ véritable	本当の，真実の
☐ 100	**fragile**	壊れやすい，（人が）虚弱な
☐ 101	**gai(e)**	陽気な
☐ 102	**humain(*e*)**	人間の，人間的な
☐ 103	**incroyable**	信じられない
☐ 104	**indépendant(*e*)**	独立した，独立心の強い
☐ 105	**isolé(e)**	ぽつんと離れた，（人が）孤独な
☐ 106	**international(*e*)**	国際的な ▸ **internation*aux*** 男複
☐ 107	**joyeu*x*, joyeu*se***	うれしい，楽しい
☐ 108	**merveilleu*x*, merveilleu*se***	素晴らしい
☐ 109	**moyen, moyen*ne***	平均の
☐ 110	**mystérieu*x*, mystérieu*se***	神秘的な，不思議な
☐ 111	**national(*e*)**	国の，国内の，国立の ▸ **nation*aux*** 男複
☐ 112	**naturel, naturel*le***	自然な
☐ 113	**ordinaire**	普通の
☐ 114	**pareil, pareil*le***	同様の，同じような

□	115	**parfait(e)**	完璧な，完全な
□	116	**poli(e)**	丁寧な，礼儀正しい
□	117	**politique**	政治の
□	118	**prudent(e)**	慎重な
□	119	**sauvage**	野生の
□	120	**sévère**	厳しい
□	121	**silencieux, silencieuse**	静かな，無言の
□	122	**spécial(e)**	特別な ▸ **spéci*aux*** 男複
□	123	**sympathique**	感じのよい
□	124	**solide**	丈夫な，安定した
□	125	**tel, tel*le***	そのような ▸ **tel(le) que ...** 〜のような
□	126	**terrible**	恐ろしい，すさまじい
□	127	**tranquille**	静かな
□	128	**utile**	役に立つ
□	129	↔ **inutile**	役に立たない，無駄な
□	130	**violent(e)**	激しい，乱暴な
□	131	**agréable**	快適な，感じのよい
□	132	↔ **désagréable**	不快な，不愉快な
□	133	**calme**	静かな，（人が）落ち着いた
□	134	**célèbre**	有名な
□	135	**cher, chère**	（値段が）高い，〜にとって大切な
□	136	**étranger, étrangère**	外国の

□ 137	**fort(*e*)**	強い，得意である
□ 138	↔ **faible**	弱い
□ 139	**important(*e*)**	大切な，重要な
□ 140	**intéressant(*e*)**	面白い，興味深い
□ 141	**joli(*e*)**	きれいな
□ 142	**libre**	自由な，暇な，空いている
□ 143	**mauvais(*e*)**	悪い
□ 144	**même**	同じ
□ 145	↔ **autre**	別の，もう１つの
□ 146	**nécessaire**	必要な
□ 147	**nouveau / *nouvel, nouvelle***	新しい ▸ **nouveaux** 男複
□ (011)	↔ **vieux / *vieil, vieille***	古い
□ 148	**occupé(*e*)**	忙しい，(手や場所が) ふさがっている
□ 149	**préféré(*e*)**	気に入りの
□ 150	**simple**	簡単な，単純な
□ 151	**triste**	悲しい，寂しい

4)　時間・順序に関する形容詞　🎧058

□ 152	**actuel, actuel*le***	現在の
□ 153	**annuel, annuel*le***	年１回の，１年間の
□ 154	**suivant(*e*)**	次の
□ 155	**dernie*r*, derniè*re***	最後の，最新の，この前の
□ 156	**premie*r*, premiè*re***	最初の，一番目の

☐	157	**prochain(*e*)**	（▷現在を基準にして）次の，今度の

5) 優劣・賞賛を表す形容詞 🎧059

☐	158	**excellent(*e*)**	見事な，優れた
☐	159	**exceptionnel, exceptionnel*le***	例外的な
☐	160	**extraordinaire**	並外れた，途方もない，素晴らしい
☐	161	**pire**	より劣る　▷ mauvais の優等比較級 ▶ **le [la] pire**　最悪の　▷ 最上級
☐	162	**magnifique**	素晴らしい
☐	163	**meilleur(*e*)**	よりよい　▷ bon の優等比較級 ▶ **le meilleur, la meilleure** 最良の　▷ 最上級

6) 数・量などを表す形容詞 🎧060

☐	164	**aucun(e)**	(**ne ... aucun(e) 〜 / Aucun(e) 〜 ne ...**) いかなる〜も…ない
☐	165	**certain(e)**	（▷名詞の前で）いくらかの
☐	166	**nul, nul*le***	無価値な，(**ne … nul, nul*le* 〜 / Nul, Nul*le* 〜 ne …**) いかなる〜も…ない
☐	167	**nombreu*x*, nombreu*ses***	多くの，多数の
☐	168	**seul(*e*)**	（▷名詞の前で）ただ 1 つの， （▷名詞の後で）独りきりの

7) 形態・位置を表す形容詞 🎧061

□ 169 **énorme**	巨大な，莫大な
□ 170 **étroit(*e*)**	狭い
□ 171 ↔ large	広い
□ 172 **court(*e*)**	短い
□ 173 ↔ long, *longue*	長い
□ 174 **droit(*e*)**	右の
□ 175 ↔ gauche	左の
□ 176 **épais, épais*se***	厚い
□ (007) ↔ mince	薄い
□ 177 **haut(*e*)**	高い
□ 178 ↔ bas, bas*se*	低い
□ 179 **lége*r*, légè*re***	軽い
□ 180 ↔ lourd(*e*)	重い
□ 181 **rond(*e*)**	丸い

2. 形容詞＋前置詞

1) 形容詞＋ à 062

□ 182 **agréable à** ＋不定詞	**〜するのが快い**
Cette maison est très **agréable à** vivre.	この家は住み心地がよい.
□ 183 **habitué(e) à** ＋もの・不定詞	**〜（すること）に慣れている**
Il est **habitué à** se lever tôt.	彼は朝早く起きるのに慣れています.
□ 184 **indifférent(e) à** ＋人・もの	**〜に無関心な**
Il est **indifférent aux** autres.	彼は他人に無関心です.
□ 185 **indispensable à** ＋人・もの	**〜に不可欠の**
L'eau est **indispensable à** la vie.	水は生命に不可欠です.
□ 186 **inférieur(e) à** ＋人・もの・数字 □ 187 ↔ **supérieur(e) à** ＋人・もの・数字	**〜より劣っている，〜より少ない** **〜より優れている，〜より多い**
Mon loyer est **inférieur au** tien. ↔ Mon loyer est supérieur au tien.	私の家賃はあなたの家賃より安い. 私の家賃はあなたの家賃より高い.
□ 188 **pareil, pareil*le* à** ＋人・もの	**〜と似た，〜と同様の**
Son caractère est **pareil à** celui de son père.	彼の性格は彼のお父さんの性格に似ています.
□ 189 **nécessaire à** ＋人・もの	**〜に必要な**
Ces lunettes sont **nécessaires à** ma fille.	このメガネは私の娘に必要です.
□ 190 **présent(e) à** ＋もの	**〜に出席している**
Je n'étais pas **présent(e) à** la réunion d'hier.	私は昨日の会議に出席していませんでした.
□ 191 **prêt(e) à** ＋不定詞	**〜する準備ができている**
Nous sommes **prêts à** sortir.	私たちは出かける用意ができています.

☐ 192 **utile à [pour]** ＋人・もの	**～の役に立つ**
Cet argent sera **utile à** mon fils.	このお金は私の息子の役に立つでしょう.
☐ 193 **difficile à** ＋不定詞	**～するのが難しい**
☐ 194 ↔ **facile à** ＋不定詞	**～するのが易しい**
Ce problème est **difficile à** résoudre. ↔ Ce problème est facile à résoudre.	この問題は解くのが難しい. この問題は解くのが簡単です.

2) 形容詞＋ de 🎧063

☐ 195 **absent(e) de** ＋場所	**～に欠席の，不在の**
Il **était absent de** l'école.	彼は学校を欠席していました.
☐ 196 **capable de** ＋不定詞	**～することができる**
Il est **capable de** courir vite et longtemps.	彼は速く，そして長く走れます.
☐ 197 **désolé(e) de** ＋もの・不定詞	**～を残念に思う，～してすみません**
Je suis **désolé(e) d'**arriver en retard.	遅れてすみません.
☐ 198 **fier, fière de** ＋人・もの・不定詞	**～(すること)を誇りに思う**
Il est **fier de** son fils. Il est **fier de** conduire sa nouvelle voiture.	彼は息子を誇りに思っています. 彼は新しい車を運転するのが自慢です.
☐ 199 **impatient(e) de** ＋不定詞	**～したくてたまらない**
Il est **impatient de** rentrer à la maison.	彼は早く家に帰りたくてたまりません.
☐ 200 **mort(e) de** ＋無冠詞名詞	**～で死ぬ，～で死にそうな**
J'étais **mort(e) de** froid hier. J'étais **mort(e) de** faim hier.	昨日，寒くて死にそうでした. 昨日，お腹が空いて死にそうでした.

□ 201 **obligé(e) de** ＋不定詞	**〜しなければならない**
Je suis **obligé(e) de** rentrer tout de suite.	私はすぐに帰らなければなりません.
□ 202 **plein(e) de** ＋人・もの	**〜でいっぱいの**
Mon sac est **plein de** légumes.	私の袋は野菜でいっぱいです.
□ 203 **ravi(e) de** ＋もの・不定詞	**〜（すること）が非常にうれしい**
Elle est **ravie de** ses achats.	彼女は買い物に大喜びです.
□ 204 **satisfait(e) de** ＋人・もの	**〜に満足した**
Nous sommes **satisfaits de** notre nouvelle voiture.	私たちは新しい車に満足しています.
□ 205 **sûr(e) de** ＋人・もの・不定詞	**〜（すること）を確信している**
Il est toujours **sûr de** lui	彼はいつも自分に自信がある.
□ 206 **âgé(e) de** ＋歳	**〜歳の**
Il est **âgé de** 5 ans.	彼は5歳です.
□ 207 **certain(e) de** ＋もの・不定詞	**〜（すること）を確信している**
Je suis **certain(e) de** ne pas m'être trompé(e) de chemin.	私は道を間違えていないことは確かです.
□ 208 **content(e) de** ＋人・もの・不定詞	**〜（すること）に満足している**
Les employés sont **contents de** leur nouveau directeur.	従業員たちは新しい社長に満足しています.
□ 209 **différent(e) de** ＋人・もの	**〜とは違う**
Elle est très **différente de** son frère.	彼女は彼女のお兄さんとはとても違います.

☐ 210 **heureu*x*, heureu*se* de** ＋もの・不定詞	〜(すること)がうれしい
☐ 211 ↔ **malheureu*x*, malheureu*se* de** ＋もの・不定詞	〜(すること)が悲しい，残念だ
Nous sommes **heureux de** partir. Il est malheureux d'avoir perdu sa femme.	出発するのが楽しみです. 彼は奥さんを失って悲しんでいます.
☐ 212 **inquie*t*, inquiè*te* de [pour]** ＋人・もの	〜が心配である
Je suis **inquiet [inquiète] de** mon avenir.	私は自分の将来が心配です.
☐ 213 **proche de** ＋人・もの	〜に近い
Son appartement est **proche de** celui de ses parents.	彼のマンションは両親のマンションに近い.

3) Il est ＋形容詞＋ de ＋不定詞 064

☐ 214 **Il est agréable de** ＋不定詞	〜するのは楽しい
☐ 215 ↔ **Il est désagréable de** ＋不定詞	〜するのは不愉快だ
Il est agréable de se promener les soirs d'été. **Il est désagréable de** sortir sous la pluie.	夏の夜に散歩するのは心地よい. 雨の中を出かけるのは不愉快です.
☐ 216 **Il est étonnant de** ＋不定詞	〜するのは驚くべきことだ
Il est étonnant de voir ton frère se lever si tôt.	あなたの弟があんなに早起きするのを見るとびっくりする.
☐ 217 **Il est naturel de** ＋不定詞	〜するのは自然だ，当然だ
Il est naturel d'aider ses enfants.	自分の子を助けるのは当然です.

□ 218 **Il est difficile de** ＋不定詞	**～するのは難しい**
□ 219 ↔ **Il est facile de** ＋不定詞	**～するのは易しい**
Il nous **sera difficile de** vous contacter demain.	明日私たちがあなた（方）へ連絡するのは難しいでしょう.
↔ Il nous sera facile de vous contacter demain.	明日私たちがあなた（方）へ連絡するのは簡単でしょう.
□ 220 **Il est important de** ＋不定詞	**～するのは重要だ**
Il est important de bien manger tous les jours.	毎日きちんと食事をするのは重要です.
□ 221 **Il est interdit de** ＋不定詞	**～するのは禁じられている**
Il est interdit d'entrer ici.	ここに入るのは禁じられています.
□ 222 **Il est intéressant de** ＋不定詞	**～するのは面白い**
Il est intéressant de faire de nouvelles expériences.	新しい経験をするのは面白い.
□ 223 **Il est nécessaire de** ＋不定詞	**～するのは必要だ**
Il est nécessaire de se protéger du froid.	寒さから身を守るのは必要です.
□ 224 **Il est possible de** ＋不定詞	**～するのは可能だ**
□ 225 ↔ **Il est impossible de** ＋不定詞	**～するのは不可能だ**
Il est possible d'avoir des places pour ce concert.	そのコンサートの席を手に入れることは可能です.
↔ Il est impossible d'avoir des places pour ce concert.	そのコンサートの席を手に入れることは不可能です.
□ 226 **Il est urgent de** ＋不定詞	**早急に～しなければならない**
Il est urgent d'appeler un médecin.	急いで医者を呼ばなければなりません.

4) 形容詞＋その他の前置詞　🎧065

☐ 227　**marié(e) avec** ＋人	**〜と結婚している**
Il est **marié avec** une Japonaise.	彼は日本人女性と結婚しています.
☐ 228　**méchant(e) avec** ＋人	**〜に対して意地悪である**
Elle est **méchante avec** ses frères.	彼女は弟たちに意地悪です.
☐ 229　**patient(e) avec** ＋人	**〜に対して辛抱強い**
Ils sont **patients avec** leurs enfants.	彼らは子供たちをあまり叱りません.
☐ 230　**poli(e) avec** ＋人	**〜に対して礼儀正しい**
Il est **poli avec** tout le monde.	彼は誰にでも礼儀正しい.
☐ 231　**fort(e) en** ＋学科・教科・分野 ☐ 232　↔ **faible en** ＋学科・教科・分野	**〜がよくできる** **〜ができない**
Il est **fort en** japonais mais faible en anglais.	彼は日本語はよくできますが，英語は上手くありません.
☐ 233　**gentil, gentil*le* avec [pour]** ＋人	**〜に対して親切である**
Elle est **gentille avec** tout le monde.	彼女は誰に対しても親切です.

3. 動詞

1. 移動（助動詞は être を用いる）

066

☐ 001 **aller**	行く
☐ 002 ▸ **aller à** ＋場所・国（男性名詞）**[en** ＋国（女性名詞）**/ chez** ＋人・職業（人）**]**	～へ［～へ / ～の家，（医者・歯医者・パン屋など）へ］行く
☐ 003 ▸ **aller** ＋不定詞	～しに行く ▹ 移動を表す動詞の後に不定詞が来る場合，前置詞は要りません．
Je **vais** faire des courses.	私は買い物をしに行きます．
☐ 004 ▸ **aller** ＋不定詞	（近いうちに）～する ▹ 近接未来
Je **vais** déménager bientôt.	私はまもなく引っ越しします．
☐ 005 ▸ **aller voir** ＋場所	～を見に行く
☐ 006 ＝ **visiter** ＋場所	～を訪れる
Ils **sont allés voir** ce château hier. ＝ Ils ont visité ce château hier.	彼らは昨日その城を見に行きました．
☐ 007 ▸ **aller [venir] voir** ＋人	～に会いに行く［来る］
☐ 008 ＝ **rendre visite à** ＋人	～を訪問する
Je vais **aller voir** mon professeur. ＝ Je vais rendre visite à mon professeur.	私は私の先生に会いに行くつもりです．
☐ 009 **venir**	来る 〈過去分詞 **venu**〉
☐ 010 ▸ **venir à** ＋場所・国（男性名詞）**[en** ＋国（女性名詞）**/ chez** ＋人 **]**	～に［～に / ～の家に］来る

venir à Paris [**au** Japon / **en** France / **chez** moi]	パリに [日本に / フランスに / 私の家に] 来る
☐ 011 ▸ **venir de** ＋場所・国	**〜から来る**
venir de chez moi [**du** Japon / **de** France]	私の家から [日本から / フランスから] 来る
☐ 012 ▸ **venir** ＋不定詞	**〜しに来る**
☐ 013 ▸ **venir de** ＋不定詞	**〜したばかりです** ▹ 近接過去
Le train **vient de** partir.	電車は今出発したところです.
☐ 014 **arriver**	**着く，到着する**
☐ 015 ▸ **arriver à [de]** ＋場所	**〜に [〜から] 到着する**
Je **suis arrivé(e) à** la gare à 11 heures.	私は11時に駅に着きました.
☐ 016 ▸ **arriver** ☐ 017 = **se passer** ☐ 018 = **Il arrive** ＋もの	**(出来事が) 起こる** ▹ 非人称構文
Qu'est-ce qui **est arrivé** ? = Qu'est-ce qui s'est passé ? Il est arrivé un accident. **Ça arrive**.	何が起きたのですか？ 事故が起きました. そういうこともありますね.
☐ 019 ▸ **Il arrive que** ＋接続法	**〜ということもある** ▹ 非人称構文
Il arrive que mon mari fasse la cuisine.	私の夫が料理することもあります.
☐ 020 ▸ **arriver à** ＋不定詞 ☐ 021 = **réussir à** ＋不定詞	**〜することに成功する，うまく〜することができる**

Il **est arrivé** enfin **à** avoir son permis de conduire. = Il a réussi enfin à avoir son permis de conduire.	彼はやっと運転免許を取ることができました.
☐ 022 **partir**	出発する 〈過去分詞 **parti**〉
☐ 023 ▶ **partir à [pour]** +場所・国（男性名詞）**[en** +国（女性名詞），特定の名詞 **]**	～へ出発する
partir en vacances [**en** voyage]	バカンスに [旅行に] 出かける
☐ 024 ▶ **partir de** +場所・国	～から出発する
☐ 025 ▶ **partir** +不定詞	～しに出発する
Il **est parti** travailler.	彼は仕事をしに出かけました.
☐ 026 **entrer**	入る
☐ 027 ▶ **entrer dans [à]** +場所	～に入る
entrer dans un restaurant [**au** cinéma]	レストランに [映画館に] 入る
☐ 028 **sortir**	外出する 〈過去分詞 **sorti**〉
☐ 029 ▶ **sortir de** +場所	～から出る
En général, je **sors de** chez moi vers 8 heures.	私は普通８時頃に家を出ます.
☐ 030 **rentrer**	帰る
☐ 031 ▶ **rentrer à [de]** +場所	～に [～から] 帰る
rentrer à la maison **rentrer du** travail	家に帰る 仕事から帰る
☐ 032 **retourner**	戻る
☐ 033 ▶ **retourner à** +場所	～に戻る

□ 034 **revenir**	**再び来る，戻って来る** 〈過去分詞 **revenu**〉
revenir à [**de**] Tokyo **revenir au** [**du**] Japon **revenir en** [**de**] France	東京に［から］戻って来る 日本に［から］戻って来る フランスに［から］戻って来る
□ 035 **descendre**	**降りる，泊まる** 〈過去分詞 **descendu**〉
Je **suis descendu(e)** par l'escalier.	私は階段で降りました.
□ 036 ▸ **descendre** ＋もの	**～を降りる，下ろす** ▹ 他動詞として用いられたとき，助動詞は avoir.
J'**ai descendu** rapidement l'escalier.	急いで階段を降りました.
□ 037 ▸ **descendre dans** [**à**] ＋宿 □ 038 ＝ **séjourner dans** [**à**] ＋宿	**～に泊まる**
descendre à l'hôtel [**dans** un hôtel] ＝ séjourner à l'hôtel [dans un hôtel]. Nous **sommes descendus dans** un hôtel près de la gare. ＝ Nous avons séjourné dans un hôtel près de la gare.	ホテルに泊まる 私たちは駅の近くのホテルに泊まりました.
□ 039 **monter**	**上がる，登る**
□ 040 ▸ **monter à** [**dans / sur**] ＋場所	**～に上がる，登る**
Je **suis monté(e) au** premier étage.	私は２階に上がりました.
□ 041 ▸ **monter dans** ＋乗り物	**～に乗る**
□ 042 ↔ **descendre de** ＋乗り物	**～から降りる**

☐ 043 ▸ **monter dans le train pour** ＋場所 ☐ 044 ＝ **prendre le train pour** ＋場所	～行きの電車に乗る
Je **suis monté(e) dans le train pour** Bordeaux. ＝ J’ai pris le train pour Bordeaux.	私はボルドー行きの電車に乗りました.
☐ 045 **tomber**	落ちる，転ぶ
☐ 046 ▸ **tomber de** ＋名詞	(場所)から落ちる
☐ 047 ▸ **tomber** ＋形容詞	～になる
☐ 048 ▸ **tomber malade** ☐ 049 ≒ **être malade**	病気になる 病気である
Il **est tombé malade** lundi. ≒ Il est malade depuis lundi.	彼は月曜日に病気になりました. 彼は月曜日から病気です.
☐ 050 **passer**	通る，立ち寄る
☐ 051 ▸ **passer à** ＋場所 **[chez** ＋人・職業(人)**]**	～(の家・職業(人))に立ち寄る
passer à la banque **passer chez** le coiffeur [un ami].	銀行に寄る 美容院［友人の家］に寄る
☐ 052 ▸ **passer devant** ＋場所	～の前を通る
☐ 053 ▸ **passer par** ＋場所	～を通って行く
☐ 054 ▸ **passer prendre** ＋人 ☐ 055 ＝ **venir chercher** ＋人	～を迎えに寄る
Il **est passé prendre** son fils à l’école. ＝ Il est venu chercher son fils à l’école.	彼は学校へ息子を迎えに寄った.
☐ 056 **rester**	とどまる，残る

☐ 057 ▸ **rester à la maison**	家にいる
☐ 058 = ne pas sortir	外出しない
Demain, nous **resterons à la maison**. = Demain, nous ne sortirons pas.	明日，私たちは家にいます.
☐ 059 ▸ **Il reste ...**	～が残っている ▹ 非人称構文
☐ 060 = Il y a encore ...	まだ～がある
Il reste (encore) un peu de gâteau. = Il y a encore un peu de gâteau.	ケーキが（まだ）少し残っています.
☐ 061 **s'arrêter**	止まる
s'arrêter au feu	信号で止まる
☐ 062 **s'installer**	身を置く，住む
☐ 063 ▸ **s'installer à [en / dans]** ＋場所	～に落ち着く，住む
☐ 064 ≒ habiter à [en / dans] ＋場所	
Ils **se sont installés à** la campagne il y a un an. ≒ Ils habitent à la campagne depuis un an.	彼らは１年前，田舎に居を構えました. 彼らは１年前から田舎に住んでいます.
☐ 065 **mourir**	死ぬ 〈過去分詞 **mort**〉
☐ 066 = décéder	▹ 公式用語
Son grand-père **est mort** hier. = Son grand-père est décédé hier. **mourir** de faim [de froid]	彼［彼女］のおじいさんは昨日亡くなりました. 飢えで［寒さで］死ぬ［死にそうだ］
☐ 067 **naître**	生まれる，誕生する 〈過去分詞 **né**〉
☐ 068 = voir le jour	生まれる

Ma fille **est née** le 5 juin. = Ma fille a vu le jour le 5 juin.	私の娘は6月5日に生まれました.

2. 移動を含む動作・行為（助動詞は avoir を用いる）

068

☐ 069 **approcher**	近づく
Les vacances **approchent**.	バカンスが近づく.
☐ 070 ▶ **s'approcher de** +人・もの	～に近づく ▷ 助動詞 **être**.
Attention ! Le chat **s'approche du** gâteau.	注意して！猫がケーキに近づいているよ.
☐ 071 **avancer**	～を進める，前進する，進む
☐ 072 **baisser**	～を下げる，（値段が）下がる
☐ 073 = **coûter moins cher**	（値段が）安くなる
Le prix des légumes **a baissé**. = Les légumes coûtent moins cher.	野菜の値段が下がった.
☐ 074 ↔ **augmenter** ☐ 075 = **coûter plus cher**	（値段が）高くなる，上がる
☐ 076 **courir**	走る 〈過去分詞 **couru**〉
☐ 077 ▶ **courir après** +もの・人	～を追いかける
☐ 078 = **poursuivre** +もの・人	～を追跡する〈過去分詞 **poursuivi**〉
Le policier **court après** [poursuit] le voleur. Le voleur **est poursuivi** par le policier.	警官は泥棒を追跡しています. 泥棒は警官に追跡されています.
☐ 079 **marcher**	歩く，（機械などが）動く

□ 080 ▶ **ne pas marcher**	動かない，故障している
□ 081 = ne pas fonctionner	作動しない
□ 082 = être en panne	故障している
Mon portable **ne marche pas.** = Mon portable ne fonctionne pas. = Mon portable est en panne.	私の携帯電話は故障しています.
□ 083 **quitter**	～を離れる，立ち去る
□ (024) = partir de +場所・国	～から立ち去る
Il **a quitté** le Japon. = Il est parti du Japon.	彼は日本を立ち去りました.
□ 084 ▶ **se quitter**	別れる ▷ 助動詞 **être**.
□ 085 = se séparer	
Ils **se sont quittés** définitivement. = Ils se sont séparés définitivement.	彼らは決定的に別れました.
□ 086 **apporter**	～を持って来る［行く］
□ 087 **emporter**	～を持って行く，持ち去る ▷ apporter は「目的地」が重要で，emporter は「出発点」が重要.
□ 088 **amener**	～を連れて行く［来る］
□ 089 ▶ **amener** +人+ **à** +場所	～を～に連れて行く
□ 090 = conduire +人+ à +場所	〈過去分詞 **conduit**〉
Il **amène** ses enfants **à** l'école. = Il conduit ses enfants à l'école.	彼は子供たちを学校に送って行きます.

☐ 091 **emmener**	～を連れて行く
☐ 092 ▸ **emmener** ＋人＋ **à** ＋場所	～を～に連れて行く ▹ amener は「目的地」へ連れて行くことが重要. emmener は「出発点」が重要で，普通一緒に行動する.
☐ 093 ＝ accompagner ＋人＋ à ＋場所	～を～に連れて行く，～と一緒に～に行く
Il **emmène** ses enfants **à** Disneyland. ＝ Il accompagne ses enfants à Disneyland.	彼は彼の子供たちをディズニーランドに連れて行きます.
☐ 094 **ramener**	～を再び連れて来る，連れて帰って来る
☐ 095 ▸ **ramener** ＋人＋ **à** ＋場所	～に～を再び連れて来る
☐ 096 ＝ revenir avec ＋人＋ à ＋場所	～に～と一緒に戻って来る
Il **a ramené** ses amis **à** la maison. ＝ Il est revenu avec ses amis à la maison.	彼は友達と家に戻って来ました.
☐ 097 **traverser**	～を横切る，渡る
traverser la rue	道路を横断する
☐ 098 **voler**	飛ぶ

3. 好き・嫌い・感情

🎧069

☐ 099 **aimer**	～を愛する，好きだ
☐ 100 ▸ **aimer** ＋もの・人・不定詞	～(するの) が好きだ

Il **aime** se promener.	彼は散歩するのが好きです.
□ 101 **adorer**	～が大好きだ
□ 102 = aimer beaucoup	
□ 103 **détester**	～が大嫌いだ
□ 104 = ne pas aimer du tout	
□ 105 **préférer**	より好きだ
□ 106 = aimer mieux	
□ 107 **plaire à** ＋人	～は～が気に入っている ▹ もの・人が主語.〈過去分詞 **plu**〉
□ 108 ▸ **plaire beaucoup à** ＋人	～を大変気に入っている
□ 109 = aimer beaucoup	～がとても好きだ
□ 110 = adorer	～が大好きだ
Ce sac me **plaît beaucoup**. = J'aime beaucoup ce sac. = J'adore ce sac.	私はこのバッグがとても気に入っています. ▹ 主語が変わります.
□ 111 **admirer**	～に感嘆する，感心する
□ 112 **désirer**	～を望む，～を欲する
□ 113 ▸ **désirer** ＋もの・不定詞	～が欲しい，～したい
□ 114 = avoir envie de ＋もの・不定詞	
□ 115 = vouloir ＋もの・不定詞	
Qu'est-ce que tu **désires** manger ? = Qu'est-ce que tu as envie de manger ? = Qu'est-ce que tu veux manger ?	何を食べたいですか？

□ 116 **espérer**	～を望む，期待する
□ 117 ▶ **espérer** ＋不定詞	～することを願う
J'**espère** pouvoir vous rencontrer bientôt.	近いうちにお会いできることを願っています.
□ 118 ▶ **espérer que** ＋直説法	～ということを願う
J'**espère qu'**il fera beau demain.	明日は天気がよいことを願っています.
□ 119 **étonner**	～を驚かせる
□ 120 ＝ **surprendre**	～を驚かせる
Cette nouvelle m'**a étonné(e)**. ＝ Cette nouvelle m'a surpris(e).	そのニュースは私を驚かせました.
□ 121 ▶ **s'étonner de** ＋もの・不定詞 [**que** ＋接続法]	～（すること）に驚く，～ということに驚く
Je **me suis étonné(e) de** cette nouvelle.	私はそのニュースに驚きました.
□ 122 **hésiter**	～をためらう，迷う
□ 123 ▶ **hésiter entre** ＋人・もの	～の間でためらう
□ 124 ▶ **hésiter à [de]** ＋不定詞	～することをためらう
J'**hésite à** changer de travail.	私は転職するかどうか迷っています.
□ 125 **intéresser**	～の興味を引く
□ 126 ▶ **s'intéresser à** ＋人・もの	～に興味を持つ
La botanique m'**intéresse** beaucoup. ＝ Je m'intéresse beaucoup à la botanique.	私は植物学に非常に興味を持っています. ▹ 主語が変わるので注意して下さい.
□ 127 **oser**	思い切って～する

□ 128 ▶ **oser** +不定詞 □ 129 = **avoir le courage de** +不定詞	思い切って〜する，〜する勇気がある
Elle **a osé** lui parler. = Elle a eu le courage de lui parler.	彼女は思い切って彼[彼女]に話しかけました.
□ 130 **souhaiter**	〜を願う，望む
□ 131 ▶ **souhaiter que** +接続法	〜ということを願う
□ 132 **vouloir**	〜が欲しい，〜を望む 〈過去分詞 **voulu**〉
□ 133 ▶ **vouloir que** +接続法	〜してもらいたい
□ (115) ▶ **vouloir** +もの・不定詞 □ (114) = **avoir envie de** +もの・不定詞	〜が欲しい，〜したい
Je ne **veux** pas travailler le dimanche. = Je n'ai pas envie de travailler le dimanche.	私は日曜日に仕事をしたくありません.
□ 134 ▶ **vouloir dire** □ 135 = **signifier**	〜を意味する
Que **veut dire** ce mot ? = Que signifie ce mot ?	この単語はどういう意味ですか？
□ 136 **regretter**	〜を後悔する，残念に思う
□ 137 ▶ **regretter de** +不定詞	〜したことを後悔する，残念に思う
□ 138 ▶ **regretter que** +接続法	〜ということを残念に思う

4. 日常的な動作・行為

070

□ 139 **dormir**	眠る 〈過去分詞 **dormi**〉
□ 140 **se coucher**	寝る，（日が）沈む
□ 141 **se réveiller**	目が覚める
□ 142 **se lever**	起床する，立ち上がる，（日が）登る
□ 143 **mettre**	～を置く，入れる，（服などを）着る 〈過去分詞 **mis**〉
mettre un chapeau **mettre** un kimono **mettre** des gants	帽子をかぶる 着物を着る 手袋をはめる
□ 144 ▶ **mettre** ＋時間 □ 145 ＝ **Il faut** ＋時間 **(à** ＋人**)** □ 146 ＝ **Ça prend** ＋時間 **(à** ＋人**)**	（時間）をかける （～に）（時間）がかかる ▷ 非人称構文
Je **mets** une heure pour venir jusqu'ici. ＝ Il me faut une heure pour venir jusqu'ici. ＝ Ça me prend une heure pour venir jusqu'ici.	ここまで来るのに 1 時間かかります．
□ 147 **entendre**	～が聞こえる，～を耳にする 〈過去分詞 **entendu**〉
J'**entends** mal.	よく聞こえません．

□ 148 ▸ **entendre parler de** ＋人・もの	～の話を耳にする
□ 149 ≒ **entendre dire que** ＋直説法	～という噂を耳にする
J'**ai entendu parler de** ton mariage. ≒ J'ai entendu dire que tu t'étais marié(e) [tu allais te marier].	あなたの結婚の話を耳にしました.
□ 150 **parler**	～を話す
parler français	フランス語を話す
□ 151 ▸ **parler de** ＋人・もの	～について話す
Je ne veux plus **parler de** ça.	もうその話はしたくありません.
□ 152 ▸ **parler à** ＋人	～に話しかける
□ 153 ▸ **se parler**	言葉を交わす，話し合う
□ 154 ≒ **bavarder (avec** ＋人**)**	(～と) おしゃべりをする
Nous **nous sommes parlés** [Nous avons parlé] pendant une heure. ≒ Nous avons bavardé pendant une heure.	私たちは1時間話しました. 私たちは1時間おしゃべりをしました.
□ 155 **écouter**	～を聞く，聴く
écouter de la musique	音楽を聴く
□ 156 **regarder**	～を見る，眺める
regarder la télé(vision) [un film] **regarder** ... par la fenêtre	テレビ [映画] を見る 窓から～を見る
□ 157 ▸ **regarder** ＋人	～と関係がある，～にかかわる
Ça ne me **regarde** pas.	それは私には関係ありません.

□ 158 **voir**	～を見る，～に会う，～が分かる 〈過去分詞 **vu**〉
voir une émission [un film] **voir** des amis	番組 [映画] を見る 友達に会う
□ 159 = comprendre	～が分かる
Je **vois**. = J'ai compris. Vous **voyez** ? = Vous comprenez ?	分かりました. 分かりますか？
□ 160 **écrire**	～を書く 〈過去分詞 **écrit**〉
écrire une lettre [un rapport / un livre]	手紙 [レポート / 本] を書く
□ 161 **lire**	～を読む 〈過去分詞 **lu**〉
lire le journal [un roman]	新聞 [小説] を読む
□ 162 **chanter**	～を歌う
□ 163 **danser**	踊る
□ 164 **nager**	泳ぐ
□ 165 **étudier**	～を勉強する
□ 166 **jouer**	遊ぶ
□ 167 ▸ **jouer à** ＋ゲーム・スポーツ	～をする
jouer au tennis	テニスをする
□ 168 ▸ **jouer de** ＋楽器	～を演奏する
jouer d'un instrument de musique [**de** la guitare / **du** piano]	楽器 [ギター / ピアノ] を演奏する

□ 169 ▸ **jouer** ＋役・曲	(役) を演じる, (曲) を演奏する
jouer un rôle dans un film	映画である役を演じる
□ 170 **travailler**	働く, 勉強する
□ 171 ▸ **travailler comme** ＋職業	～として働く
Il **travaille comme** professeur dans ce lycée.	彼はこの高校で教師として働いています.
□ 172 **appuyer**	～を押す, 支える
□ 173 ▸ **appuyer sur** ＋もの	～を押す
Appuyez sur ce bouton.	このボタンを押して下さい.
□ 174 ▸ **s'appuyer sur [à / contre]** ＋人・もの	～に寄りかかる
□ 175 **fermer**	～を閉める
□ 176 ↔ **ouvrir**	～を開ける
Cette boulangerie **n'est pas fermée** le dimanche. = Cette boulangerie est ouverte le dimanche.	このパン屋は日曜日に閉めません. このパン屋は日曜日に開いています.
□ 177 **ouvrir**	～を開ける, 開く 〈過去分詞 **ouvert**〉
ouvrir une boulangerie [une boutique]	パン屋 [ブティック] を開店する
□ 178 **changer**	～を変える, 変化する
changer une réservation	予約を変える
□ 179 ▸ **changer de** ＋無冠詞単数名詞	～を変える, 替える
changer de travail [**de** train]	仕事を変える [電車を乗り換える]

□ 180 ▸ **changer de sujet**	話題を変える
□ 181 = passer à un autre sujet	他の話題に移る
Changeons de sujet. = Passons à un autre sujet.	話題を変えよう.
□ 182 **chercher**	～を探す，～を調べる
□ 183 ≒ consulter	(本など) を調べる
Je vais **chercher** ce mot dans un dictionnaire. = Je vais consulter ce mot dans un dictionnaire.	私はこの単語を辞書で調べます.
□ 184 **choisir**	～を選ぶ 〈過去分詞 **choisi**〉
□ 185 = prendre	〈過去分詞 **pris**〉
□ 186 ▸ **choisir de** ＋不定詞	～することを選ぶ
□ 187 **couper**	～を切る
couper du pain	パンを切る
□ 188 ▸ **couper** ＋もの＋ **en** ＋数	～を～に切る，分ける
□ 189 = diviser ＋もの＋ en ＋数	
□ 190 = partager ＋もの＋ en ＋数	
Coupez ce gâteau **en** 6 (parts). = Divisez ce gâteau en 6 (parts). = Partagez ce gâteau en 6 (parts).	このケーキを6つに切って下さい.
□ 191 **donner**	～を与える，あげる
□ 192 ▸ **donner son avis [son opinion] sur** ＋人・もの	～について自分の意見を述べる

□ 193 ▸ **donner des conseils (à +人)**	(〜に) アドバイスをする
□ 194 ▸ **donner rendez-vous à** +人	〜と会う約束をする
□ 195 ▸ **donner sur** +場所	〜に面している
□ 196 ≒ voir +場所+ de ...	〜から〜が見える
Cette chambre **donne sur** la mer. ≒ On peut voir la mer de cette chambre.	この部屋は海に面しています. この部屋から海が見えます.
□ 197 **fumer**	(タバコ) を吸う
□ 198 **jeter**	〜を投げる，捨てる
□ 199 **oublier**	〜を忘れる
□ 200 ▸ **oublier** +もの	〜を置き忘れる
□ 201 = laisser +もの	
J'**ai oublié** mon parapluie dans le train. = J'ai laissé mon parapluie dans le train.	私は傘を電車の中に忘れました.
□ 202 ▸ **oublier** +人・もの	〜を思い出せない
□ 203 = ne pas se rappeler +人・もの	〜を思い出せない，覚えていない
□ 204 = ne pas se souvenir de +人・もの	
Elle **a oublié** le nom du magasin. = Elle ne se rappelle pas le nom du magasin. = Elle ne se souvient pas du nom du magasin.	彼女は店の名前を忘れました.

☐ 205 ▶ **oublier de** ＋不定詞	～することを忘れる
☐ 206 **pleurer**	泣く
☐ 207 **rire**	笑う 〈過去分詞 **ri**〉
☐ 208 **se dépêcher**	急ぐ
☐ 209 **se promener**	散歩する
☐ 210 ＝ **faire une promenade**	
☐ 211 ▶ **promener** ＋人・動物	～を散歩させる
☐ 212 **se reposer**	休む
☐ (098) **voler**	～を盗む
☐ (185) ＝ **prendre**	
On m'**a volé** mon portefeuille. ＝ On m'a pris mon portefeuille.	誰かが私の財布を盗んだ.

5. 食事

072

☐ 213 **manger**	～を食べる
☐ 214 **boire**	～を飲む 〈過去分詞 **bu**〉
boire de l'eau	水を飲む
☐ 215 **déjeuner**	昼食を取る
☐ 216 **dîner**	夕食を取る
☐ (185) **prendre**	～を食べる，飲む 〈過去分詞 **pris**〉
☐ (185) ▶ **prendre** ＋食事・食べ物	～を食べる

prendre le petit déjeuner [le menu]	朝食［定食］を食べる
□ (185) ▶ **prendre** ＋飲み物 □ (214) ＝ **boire** ＋飲み物	～を飲む
prendre [boire] du café [du vin] **prendre** [boire] un café	コーヒー［ワイン］を飲む （カフェなどで）コーヒーを飲む

6. ものを作り出す

🎧073

□ 217 **construire**	～を建設する 〈過去分詞 **construit**〉
□ 218 ＝ **bâtir** □ 219 ↔ **détruire**	～を建設する 〈過去分詞 **bâti**〉 ～を破壊する 〈過去分詞 **détruit**〉
□ 220 **créer**	～を作り出す，創造する，設立する
□ 221 ≒ **fonder**	～を設立する
créer une société ＝ fonder une société	会社を設立する
□ 222 **fabriquer**	～を作る，製造する，生産する
□ 223 ＝ **faire**	～を作る，製作する，産む
□ (223) **faire**	～を作る 〈過去分詞 **fait**〉
□ 224 ▶ **faire la cuisine** □ 225 ＝ **cuisiner** □ 226 ≒ **préparer le repas**	料理をする 食事の支度をする
□ 227 **inventer**	～を発明する

□ 228 **produire**	～を生産する 〈過去分詞 **produit**〉
□ 229 **préparer**	～を準備する，（料理など）を作る
□ 230 **cultiver**	～を耕す，栽培する
□ 231 **dessiner**	デッサンをする，（図形）を描く
□ 232 ＝ faire un dessin	絵を描く

7.　許可・禁止・義務・可能性

🎧074

□ 233 **interdire**	～を禁じる 〈過去分詞 **interdit**〉
□ 234 ▶ **interdire à** ＋人＋ **de** ＋不定詞	～に～することを禁じる
□ (221) ▲形容詞 ▶ **Il est interdit de** ＋不定詞	～することは禁じられている
□ 235 ＝ Il est défendu de ＋不定詞	～することを禁じる
□ 236 ＝ Il n'est pas permis de ＋不定詞	～することを許可しない
Il est interdit de stationner ici. ＝ Il est défendu de stationner ici. ＝ Il n'est pas permis de stationner ici.	ここは駐車禁止です.
□ 237 **obliger**	～を強いる
□ 238 ▶ **obliger** ＋人＋ **à** ＋もの [**à** ＋不定詞]	～に～を [～することを] 強いる
□ 239 ▶ **être obligé(e) de** ＋不定詞 □ 240 ＝ devoir ＋不定詞 □ 241 ＝ Il faut que ＋接続法	～しなければならない

Je **suis obligé(e) de** rentrer tout de suite. = Je dois rentrer tout de suite. = Il faut que je rentre tout de suite.	私はすぐ帰らなければならない.
☐ 242 **permettre**	〜を許可する，可能にする 〈過去分詞 **permis**〉
☐ 243 ▶ **permettre** ＋もの＋ **à** ＋人 **[à** ＋人＋ **de** ＋不定詞**]**	〜に〜を［〜することを］許可する，可能にする
☐ 244 **devoir**	〜しなければならない 〈過去分詞 **dû**〉
☐ (240) ▶ **devoir** ＋不定詞	〜しなければならない，（条件法で）〜した方がよい
Tu **devrais** faire du sport.	君はスポーツをした方がいい.
☐ 245 **défendre**	〜を守る，禁じる
☐ 246 ▶ **défendre** ＋人・もの	〜を守る
☐ 247 ▶ **défendre** ＋もの＋ **à** ＋人 **[à** ＋人＋ **de** ＋不定詞**]**	〜に〜を［〜することを］禁じる
La mère **a défendu** les jeux vidéo **à** ses enfants. La mère **a défendu à** ses enfants **de** jouer aux jeux vidéo.	お母さんは子供達にビデオゲームを禁止しました. お母さんは子供達にビデオゲームをすることを禁止しました.
☐ 248 **falloir**	〜が必要である，〜しなければならない　〈過去分詞 **fallu**〉
☐ 249 ▶ **Il faut** ＋もの **[**不定詞 **/ que** ＋接続法**]**	▷ 非人称構文

□ 250 **pouvoir** ＋不定詞	～することができる 〈過去分詞 **pu**〉
□ 251 ＝ **être capable de** ＋不定詞	
Il **peut** traduire ce texte en français. ＝ Il est capable de traduire ce texte en français.	彼はこのテキストをフランス語に訳せます.
□ 252 **savoir** ＋不定詞	(学習・訓練によって) ～することができる 〈過去分詞 **su**〉
Je **sais** nager.	私は泳げます.

8. 認識

🎧075

□ 253 **apprendre**	～を学ぶ，知る 〈過去分詞 **appris**〉
□ 254 ▶ **apprendre** ＋もの [**à** ＋不定詞]	～(すること) を学ぶ
apprendre le français **apprendre à** nager	フランス語を学ぶ 泳ぎを習う
□ 255 ▶ **apprendre** ＋もの [**que** ＋直説法]	～(ということ) を知る
J'**ai appris** ton mariage par ma tante.	君の結婚を叔母から聞きました.
□ 256 ▶ **apprendre** ＋もの＋ **à** ＋人 [**à** ＋人 ＋ **à** ＋不定詞]	～に～を [～に～することを] 教える
J'**ai appris** ton mariage **à** ma tante. J'**ai appris à** nager **à** mon fils.	叔母に君の結婚を教えました. 私は息子に水泳を教えました.

□ (159)	**comprendre**	～を理解する 〈過去分詞 **compris**〉
□ 257	**connaître**	～を知っている，知る 〈過去分詞 **connu**〉
□ 258	▶ **se connaître**	～と知り合う，知り合いである
□ 259	= faire connaissance avec +人	～と知り合う
□ 260	**croire**	～と信じる，思う 〈過去分詞 **cru**〉
□ 261	▶ **croire que** +直説法	～と思う
□ 262	**douter**	～を疑う
□ 263	▶ **douter de** +人・もの	～を疑う
□ 264	= ne pas être sûr(e) de ...	～は確かではない
	Ma mère **doute de** ma réussite. = Ma mère n'est pas sûre de ma réussite.	母は私が成功するかどうかを疑っています．
□ 265	**ignorer**	～を知らない
□ 266	= ne pas savoir	～を知らない
□ 267	= ne pas connaître	
□ 268	**imaginer**	～を想像する
□ 269	**juger**	～を判断する
□ 270	**penser**	～を考える
□ 271	▶ **penser que** +直説法	～と思う
□ 272	▶ **penser à** +人・もの	～のことを考える
□ 273	▶ **penser** +不定詞	～するつもりです

□ 274 **reconnaître**	（前に見聞したので）それと分かる，覚えている，認める 〈過去分詞 **reconnu**〉
□ 275 ▸ **reconnaître que** ＋直説法	〜と認める
□ 276 ▸ **reconnaître** ＋人・もの	〜を覚えている
□ 277 ＝ **se souvenir de** ＋人・もの・不定詞 **[que** ＋直説法**]**	〜を［〜することを / 〜ということを］覚えている
Tu le **reconnais** ? ＝ Tu te souviens de lui ?	彼を覚えていますか？
□ 278 **se rappeler**	〜を覚えている，思い出す
□ 279 **réfléchir**	よく考える 〈過去分詞 **réfléchi**〉
□ 280 ▸ **réfléchir à [sur]** ＋もの	〜についてよく考える
□ 281 **remarquer**	〜に気づく
□ 282 ＝ **s'apercevoir de** ＋もの	〜に気づく〈過去分詞 **aperçu**〉
J'**ai remarqué** mon erreur. ＝ Je me suis aperçu(e) de mon erreur.	私は自分の間違いに気づきました.
□ 283 ▸ **remarquer que** ＋直説法	〜ということに気づく
□ 284 **savoir** ＋事柄	〜を知っている 〈過去分詞 **su**〉
□ (257) ＝ **connaître** ＋もの・人・場所	
Je ne **sais** pas ce que veut dire ce proverbe. ＝ Je ne connais pas le sens de ce proverbe.	私はこの諺の意味を知りません.
□ 285 **supposer**	〜を仮定する

9. 発言・言動

076

☐ 286	**annoncer**	～を知らせる，発表する
☐ 287	▶ **annoncer** ＋もの＋ **à** ＋人	～に～を知らせる
☐ 288	＝ **faire savoir** ＋もの＋ **à** ＋人	
☐ 289	＝ **faire part de** ＋もの＋ **à** ＋人	
☐ 290	＝ **informer** ＋人＋ **de** ＋もの	
☐ 291	**conseiller**	～を勧める，～に助言する
☐ 292	▶ **conseiller** ＋もの＋ **à** ＋人 **[à** ＋人＋ **de** ＋不定詞**]**	～に～を［～することを］勧める
☐ 293	＝ **recommander** ＋もの＋ **à** ＋人 **[à** ＋人＋ **de** ＋不定詞**]**	
	Il nous **a conseillé** ce restaurant. ＝ Il nous a recommandé ce restaurant. J'ai **conseillé à** mon fils **de** voir ce film. ＝ J'ai recommandé à mon fils de voir ce film.	彼は私たちにこのレストランを勧めました. 私は息子にこの映画を見るように勧めました.
☐ 294	**crier**	～を叫ぶ
☐ 295	**demander**	～を尋ねる，要求する，必要とする
☐ 296	▶ **demander l'avis à** ＋人	～に意見を求める
☐ 297	▶ **demander de la patience**	忍耐力を必要とする
☐ 298	＝ **Il faut de la patience pour** ＋不定詞	～するのに忍耐力を必要とする

Ce travail **demande de la patience**. = Il faut de la patience pour faire ce travail.	この仕事は忍耐力を必要とします.
☐ 299 ▸ **demander à** ＋人＋ **de** ＋不定詞	〜に〜することを頼む
Pierre m'**a demandé de** venir le chercher à l'aéroport demain soir.	ピエールは私に明日夜空港に迎えに来てと頼みました.
☐ 300 **dire**	〜を［と］言う 〈過去分詞 **dit**〉
dire un secret [la vérité]	秘密［真実］を言う
☐ 301 ▸ **dire que** ＋直説法［接続法］	〜と言う
☐ 302 **expliquer**	〜を説明する
☐ 303 **indiquer**	〜を指し示す，教える
☐ 304 **avertir**	〜を知らせる，警告する
☐ 305 ▸ **avertir** ＋人＋ **de** ＋もの	〜に〜を知らせる
☐ 306 = **prévenir** ＋人＋ **de** ＋もの	〈過去分詞 **prèvenu**〉
☐ 307 **mentir**	嘘をつく 〈過去分詞 **menti**〉
☐ 308 = **ne pas dire la vérité**	本当のことを言わない
Il **ment** toujours. = Il ne dit jamais la vérité.	彼はいつも嘘をつきます. 彼は決して本当のことを言いません.
☐ 309 **prononcer**	〜を発音する，口に出す
☐ 310 **raconter**	〜の話をする
☐ (151) ≒ **parler de** ＋人・もの	〜について話す
Elle m'**a raconté** sa vie toute la soirée. = Elle m'a parlé de sa vie toute la soirée.	彼女は一晩中身の上話をしました.

☐ 311 **répéter**	～を繰り返す
☐ 312 **répondre**	～と答える 〈過去分詞 **répondu**〉
☐ 313 ▸ **répondre à** ＋人・もの **[que** ＋直説法**]**	～に［～と］答える
☐ 314 **se disputer**	口論する，けんかする
☐ 315 **se plaindre**	不平を言う　〈過去分詞 **plaint**〉
☐ 316 ▸ **se plaindre de** ＋人・もの **[que** ＋接続法**]**	～について［～と］不平を言う

10.　人に対して行う行為

🎧077

☐ 317 **aider**	～を手伝う，助ける
☐ 318 ≒ **rendre service à** ＋人・もの	～の役に立つ
Tu pourrais m'**aider** demain ? = Tu pourrais me rendre service demain ?	明日，手伝ってくれる？
☐ 319 ▸ **aider** ＋人・もの＋ **à** ＋不定詞	～が～するのを手伝う，助ける
☐ 320 **amuser**	～を楽しませる
☐ 321 ▸ **s'amuser**	楽しむ
☐ 322 **appeler**	～を呼ぶ，～に電話をかける
appeler un médecin	医者を呼ぶ
☐ 323 ▸ **s'appeler**	～という名前です

□ 324 ▸ **appeler** +人+ **au téléphone**	～に電話する，～に電話です
□ 325 = téléphoner à +人	～に電話する
□ 326 ≒ demander +人+ au téléphone	～に電話です
Louise, on vous **appelle au téléphone.** = Louise, on vous demande au téléphone.	ルイーズ，あなたに電話ですよ.
□ 327 **déranger**	(活動・休息)を妨げる，邪魔する
□ 328 **inquiéter**	～を心配させる
□ 329 ▸ **s'inquiéter (de** +人・もの**)**	(～を)心配する，気にかける
□ 330 **inviter**	～を招待する
□ 331 **punir**	～を罰する 〈過去分詞 **puni**〉
□ 332 **rencontrer**	～と出会う
□ 333 ▸ **se rencontrer**	出会う，知り合う
□ 334 ▸ **se rencontrer pour la première fois**	初めて出会う
□ (258) ≒ se connaître	知り合う，知り合いである
Nous **nous sommes rencontrés pour la première fois** à Kyoto. ≒ Nous nous sommes connus à Kyoto.	私たちは京都で初めて出会いました.
□ 335 **saluer**	～に挨拶する
□ 336 = dire bonjour [bonsoir ...] à +人	～におはよう・こんにちは[こんばんは…]を言う

Il **a salué** ses voisins. = Il a dit bonjour à ses voisins.	彼は隣人に挨拶しました.
☐ 337 **se marier**	結婚する
☐ 338 ▸ **se marier avec** ＋人	～と結婚する
☐ 339 **sourire**	ほほえむ 〈過去分詞 **souri**〉

11. ものに対して行う行為

078

☐ 340 **allumer**	(火・あかりなど) をつける
☐ 341 ↔ **éteindre**	(火・あかりなど) を消す 〈過去分詞 **éteint**〉
☐ 342 **acheter**	～を買う
☐ 343 ↔ **vendre**	～を売る
Nous **avons acheté** cette maison. ↔ On nous a vendu cette maison.	私たちはこの家を買いました. 彼らは私たちにこの家を売りました.
☐ 344 **annuler**	～を取り消す, キャンセルする
☐ 345 **payer**	～を払う, 支払う
☐ 346 ▸ **payer** ＋もの＋金額	～に (代金) を払う
☐ 347 = **coûter** ＋金額＋ **à** ＋人	～に費用が～かかる
J'**ai payé** ce chapeau 50 euros. = Ce chapeau m'a coûté 50 euros.	私はこの帽子に 50 ユーロを払いました. ▹ 主語が変わるので注意して下さい.
☐ 348 ▸ **payer cher** ＋もの	～に高い金を払う

□ 349 **ajouter**	～を付け加える
□ 350 **casser**	～を壊す
casser un verre	グラスを割る
□ 351 **cesser**	やむ，～をやめる，中止する
□ 352 ▶ **cesser de** ＋不定詞 □ 353 ＝ **arrêter de** ＋不定詞	～することをやめる
Il **a cessé de** travailler le mois dernier. ＝ Il a arrêté de travailler le mois dernier.	彼は先月仕事をやめました.
□ 354 **commencer**	～を始める，始まる
□ 355 ▶ **commencer à** ＋不定詞	～し始める
□ 356 ▶ **commencer par** ＋もの・不定詞	～から始める，初めに～する
□ 357 **finir**	～を終える，終わる 〈過去分詞 **fini**〉
finir son travail [ses études / ses devoirs / sa vie]	仕事［学業 / 宿題 / 人生］を終える
□ 358 ▶ **finir deuxième**	２位に終わる
□ 359 ▶ **finir de** ＋不定詞	～し終える
□ 360 ▶ **finir par** ＋もの・不定詞	～で終わる，最後に～する
□ 361 **découvrir**	～を発見する 〈過去分詞 **découvert**〉
□ 362 **dépenser**	（金）を使う，（時間・労力）を費やす
dépenser de l'argent	金を使う

☐ (219) **détruire**	～を破壊する 〈過去分詞 **détruit**〉
☐ 363 **enlever**	～を取りのける，取り上げる，持ち上げる
☐ 364 **enregistrer**	～を記録する，録音［録画］する
☐ 365 **essayer**	～を試す，試着する
☐ 366 ▶ **essayer de** ＋不定詞 ☐ 367 ＝ **tenter de** ＋不定詞	～することを試みる
☐ 368 **gagner**	～を稼ぐ，（賞など）を獲得する，～に勝つ
gagner de l'argent **gagner** sa vie	金を稼ぐ 生活費を稼ぐ
☐ 369 ≒ **battre**	～に勝つ，（人）を殴る，（記録）を破る　〈過去分詞 **battu**〉
La France **a gagné** le match de football contre l'Angleterre. ＝ La France a battu l'Angleterre au match de football.	サッカーの試合で，フランスはイギリスに勝った。
☐ 370 **installer**	（家具など）を置く，（設備など）を備えつける
☐ (143) ＝ **mettre**	〈過去分詞 **mis**〉
On **a installé** [a mis] un bureau dans la chambre de mon fils.	息子の部屋に机を置きました。

□ 371 **louer**	(金を払って)〜を貸す，借りる
□ 372 **mesurer**	(面積・長さなど)を測る
□ 373 ▸ **mesurer** ＋数値	〜の長さ［身長］がある
□ (223) ＝ **faire** ＋数値	
Je **mesure** 1 m 70. ＝ Je fais 1 m 70.	私は身長 1m70cm です.
□ 374 **prêter**	〜を貸す
□ 375 ↔ **emprunter**	〜を借りる
Tu peux me **prêter** ton stylo ? ＝ Je peux t'emprunter ton stylo ?	ペンを貸してくれる？ ペンを借りてもいい？ ▹ 主語と間接目的語が入れ換わることに注意.
□ 376 **offrir**	〜を贈る 〈過去分詞 **offert**〉
□ 377 ＝ **donner ... (comme cadeau)**	(プレゼントとして)〜をあげる
On lui **a offert** des fleurs pour son anniversaire. ＝ On lui a donné des fleurs pour son anniversaire.	私たちは彼［彼女］の誕生日に花をあげました.
□ 378 **partager**	〜を分ける，分配する，共有する
□ (050) **passer**	(時)を過ごす，(試験)を受ける
passer des [ses] vacances **passer** un examen	バカンスを過ごす 試験を受ける
□ 379 ▸ **passer** ＋時間 **(＋ à** ＋不定詞**)**	(〜して)(時間)を過ごす
passer l'après-midi **à** regarder la télévision	テレビを見て午後を過ごす

□ (017) **se passer**	(出来事が) 起こる，行われる，(時が) 過ぎる
Qu'est ce qui **se passe** ? = Qu'est-ce qu'il y a ?	どうしたのですか？
Qu'est-ce qui s'**est passé** ? = Qu'est-ce qui est arrivé ?	何が起きたのですか？
□ 380 ▶ **se passer bien**	うまくいく
□ 381 ↔ **se passer mal**	うまくいかない
□ 382 **peindre**	(絵) を描く，(塗料) を塗る 〈過去分詞 **peint**〉
□ 383 **peser**	～の重さを量る
□ 384 ▶ **peser ... kilos**	～キロの重さがある
□ 385 = **faire ... kilos**	
□ 386 = **Le poids de** ＋人・もの＋ **est de ... kilos**	
Cette valise **pèse** 20 **kilos**. = Cette valise fait 20 kilos.	このスーツケースは 20 キロの重さがあります。
Combien **pesait** ton bébé à la naissance ? = Quel était le poids de ton bébé à la naissance ?	あなたの赤ちゃんの体重は，生まれたときいくらでしたか？
□ 387 **porter**	(荷物) を持つ，(服など) を身につけている
□ 388 **poser**	～を置く

☐ 389 ▸ **poser des questions**	質問する
☐ 390 **publier**	～を出版する，公表する
☐ (028) ＝ **sortir** ＋本など	～を出版する
Il **a publié** un nouveau roman. ＝ Il a sorti un nouveau roman.	彼は新しい小説を出版した．
☐ 391 **ramasser**	～を拾う
☐ 392 **ranger**	～を片付ける，並べる
☐ 393 ＝ **mettre de l'ordre dans** ＋もの	～を片付ける，整理する
☐ 394 **rater**	（試験など）～に失敗する，（電車など）に乗り遅れる
☐ 395 **remplir**	～を満たす，記入する 〈過去分詞 **rempli**〉
☐ 396 **réussir**	成功する　〈過去分詞 **réussi**〉
☐ 397 ▸ **réussir (à) un examen**	試験に合格する
☐ 398 ↔ **rater un examen**	試験に失敗する
Je **n'ai pas réussi (à) mon examen**. ＝ J'ai raté mon examen.	私は試験に失敗した．
☐ (021) ▸ **réussir à** ＋不定詞 ☐ (020) ＝ **arriver à** ＋不定詞	～することに成功する，うまく～することができる
☐ 399 **risquer**	～の危険をおかす，恐れがある
☐ 400 ▸ **risquer de** ＋不定詞	～する恐れがある，可能性がある
Il **risque de** pleuvoir aujourd'hui.	今日は雨が降るかもしれません．

□ 401 **rouler**	～を転がす，転がる，（車が）走る，(人が) 車で走る
□ 402 **tenir**	～をつかんでいる，～を経営する　〈過去分詞 **tenu**〉
tenir un magasin	店を経営している
□ 403 ▶ **tenir à** ＋もの・人	～を大切にしている，～に愛着を持っている
□ 404 ＝ **être attaché(e) à** ＋もの・人	
Nous **tenions** beaucoup **à** notre maison de campagne. ＝ Nous étions très attachés à notre maison de campagne.	私たちは私たちの別荘に強い愛着を持っていました．
□ 405 **transporter**	～を運ぶ，輸送する
□ (343) **vendre**	～を売る 〈過去分詞 **vendu**〉
□ 406 ▶ **se vendre**	売れる
□ (006) **visiter**	(場所) を訪れる，見物する

12. 人・ものに対して行う行為

080

□ 407 **abandonner**	～を捨てる，断念する
□ 408 **apercevoir**	～が見える，（ちらりと）～を見かける　〈過去分詞 **aperçu**〉

☐ (282) ▸ **s'apercevoir de** ＋もの **[que** ＋直説法**]**	〜(ということ)に気づく
☐ (281) (283) ＝ **remarquer** ＋もの **[que** ＋直説法**]**	
Je **me suis aperçu(e) de** sa présence. = J'ai remarqué sa présence. Je **me suis aperçu(e) que** tu étais présent(e). = J'ai remarqué que tu étais présent(e).	私は彼［彼女］がいることに気づきました. 私はあなたが出席していることに気づきました.
☐ 409 **arrêter**	〜をやめる, 逮捕する
Il **a été arrêté** par la police.	彼は警察に逮捕された.
☐ (061) ▸ **s'arrêter**	止まる
☐ 410 **attaquer**	〜を攻撃する
☐ 411 **attendre**	〜を待つ
☐ 412 ▸ **attendre que** ＋接続法	〜すること［ということ］を待つ
☐ 413 **blesser**	〜を傷つける
☐ 414 ▸ **se blesser**	負傷する, けがをする
☐ 415 **cacher**	〜を隠す
☐ 416 ▸ **se cacher**	隠れる
☐ 417 **charger**	〜を担当させる, 〜に荷を積み込む
☐ 418 ▸ **se charger de** ＋人・もの	〜を担当する, 引き受ける
☐ 419 **commander**	〜を注文する, 命令する
☐ 420 **compter**	〜を数える

□ 421 ▸ **compter sur** +人・もの	～を当てにする
□ 422 = **faire confiance à [en]** +人・もの	～を信用する
Tu peux **compter sur** moi. = Tu peux me faire confiance.	私を当てにしていていいですよ.
□ 423 **conduire**	～を運転する，連れて行く 〈過去分詞 **conduit**〉
□ (183) **consulter**	～に相談する，（医者）の診察を受ける，（辞書など）を調べる
consulter un médecin	医者に診てもらう
□ 424 **craindre**	～を恐れる 〈過去分詞 **craint**〉
□ 425 ▸ **craindre** +人・もの **[de** +不定詞**]**	～（すること）を恐れる
□ 426 = **avoir peur de** +人・もの・不定詞	
□ 427 **empêcher** +人・もの	～を妨げる
□ 428 ▸ A（人・もの）+ **empêcher** + B（人・もの）+ **de** +不定詞	AはBが～するのを妨げる
□ 429 = B（人・もの）+ **ne pas pouvoir** +不定詞 + **à cause de** + A（人・もの）	BはAのせいで～することができない
La pluie nous **a empêché de** sortir. = Nous n'avons pas pu sortir à cause de la pluie.	私たちは雨で外出できませんでした. ▹ 主語が変わるので注意して下さい.

☐ 430 **employer**	～を用いる，利用する，雇用する
☐ 431 ▸ **s'employer**	使われる，用いられる
Ce mot ne **s'emploie** plus beaucoup.	この言葉はもうあまり使われない.
☐ 432 **enseigner**	～を教える
☐ 433 = **donner des cours de ...**	～の授業をする
J'**enseigne** le français dans cette université. = Je donne des cours de français dans cette université.	私はこの大学でフランス語を教えています.
☐ 434 **éviter**	～を避ける
☐ 435 ▸ **éviter de** ＋不定詞	～することを避ける
☐ 436 **examiner**	～を注意深く眺める，調査する，診察する
☐ 437 **garder**	～を守る，世話する，保存する
☐ 438 ▸ **garder le silence**	沈黙を守る
☐ 439 = **ne pas parler**	話さない
☐ 440 = **se taire**	黙っている
Vous devez **garder le silence** ici. = Vous ne devez pas parler ici. = Vous devez vous taire ici.	ここでは沈黙を守らなければいけません.
☐ 441 **gêner**	～の邪魔になる，～に気詰まりを感じさせる
☐ 442 **guérir**	(病気が) 治る，～を治す

□ (201) **laisser**	～を残す，置いておく
□ 443 ▶ **laisser** ＋人・もの＋形容詞・副詞	～を～のままにしておく
□ 444 ▶ **laisser** ＋人・もの＋ **tranquille**	～をそっとしておく，放っておく
□ 445 ＝ **ne pas déranger** ＋人	～を邪魔しない
Laisse ton frère **tranquille** ! ＝ Ne dérange pas ton frère !	お兄さんの邪魔をしないで！
□ 446 ▶ **laisser** ＋人・もの＋不定詞	～が～するのを放っておく，～に～させておく
Laisse ton frère étudier !	お兄さんの勉強を邪魔しないで！
□ 447 **montrer**	～を見せる，示す
montrer un billet [des photos] **montrer** son courage [son talent]	切符［写真］を見せる 勇気［才能］を示す
□ 448 ＝ **présenter** ＋もの	～を見せる
Pourriez-vous me **montrer** votre passeport ? ＝ Pourriez-vous me présenter votre passeport ?	パスポートを見せていただけますか？
□ 449 ＝ **faire voir** ＋もの **(+ à** ＋人**)**	（～に）～を見せる
Il m'a **montré** la photo de sa copine. ＝ Il m'a fait voir la photo de sa copine.	彼は私にガールフレンドの写真を見せてくれました.
□ 450 **obéir**	従う　〈過去分詞 **obéi**〉
□ 451 ▶ **obéir à** ＋人・もの	～に従う

□ 452 ▶ **ne pas obéir à** +人	～に従わない
□ 453 ≒ **ne pas écouter** +人	～の言うことを聞かない
Cet enfant **n'obéit pas à** ses parents. = Cet enfant n'écoute pas ses parents.	この子は親の言うことに従いません。
□ 454 **occuper**	～を占める
□ 455 ▶ **s'occuper de** +人	～の世話をする
□ 456 ▶ **s'occuper de** +もの	～に携わる，～の手入れをする
□ 457 **perdre**	～を失う，(時間) を無駄にする，(試合) に負ける 〈過去分詞 **perdu**〉
perdre son emploi **perdre** son temps **perdre** un match	職を失う 時間を無駄にする 試合に負ける
□ 458 **pousser**	～を押す
□ (448) **présenter**	～を紹介する，提示する
□ 459 ▶ **se présenter**	自己紹介をする
□ 460 **recevoir**	～を受け取る，迎える 〈過去分詞 **reçu**〉
recevoir une lettre [des clients]	手紙を受け取る［客を迎える］
□ 461 **recommander**	～を勧める
□ 462 **rendre**	～を返す　〈過去分詞 **rendu**〉
□ 463 ▶ **rendre** +人・もの+形容詞	～を～にする
Cette nouvelle l'a rendue heureuse.	そのニュースは彼女を幸せにした。

□ 464 **respecter**	～を尊敬する，尊重する，（規則など）を守る
□ 465 **sauver**	～を救う
□ 466 **servir**	～に奉仕する，給仕する，（食べ物など）を出す 〈過去分詞 **servi**〉
□ 467 ▸ **se servir**	（大皿から料理）を自分で取る
Sers-toi !	どうぞお取り下さい！
□ 468 ▸ **servir à** ＋人・もの	～の役に立つ
□ 469 ▸ **se servir de** ＋人・もの □ 470 ＝ utiliser	～を利用する，使う
Je **me sers** souvent **de** mon vélo. ＝ J'utilise souvent mon vélo.	私はよく自転車を使います.
□ 471 **soutenir**	～を支える，支持する 〈過去分詞 **soutenu**〉
□ 472 **suivre**	～の後について行く，（道）に沿って行く 〈過去分詞 **suivi**〉
□ 473 ▸ **suivre des cours** □ 474 ＝ assister à des cours □ 475 ＝ prendre des cours	授業を受ける
□ 476 **surveiller**	～を監視する，見張る
□ 477 **trouver**	～を見つける

☐ 478 ▶ **trouver** +人・もの+形容詞・副詞 ☐ 479 = **sembler (à** +人**)** +形容詞・副詞	～を～だと思う
Nous **trouvons** ce restaurant très bon. = Ce restaurant nous semble très bon.	私たちはそのレストランをとてもいいと思います. ▹主語が変わります.
☐ 480 ▶ **trouver que** +直説法 ☐ (271) = **penser que** +直説法	～と思う
J'**ai trouvé que** son idée était géniale. = J'ai pensé que son idée était géniale.	私は彼のアイデアを素晴らしいと思いました.
☐ 481 **remplacer** A **par** B	AをBに(取り)替える
☐ 482 = B **prendre la place de** A	BはAに取って代わる
Pierre **est remplacé par** Clément. = Clément prend la place de Pierre.	ピエールはクレマンに替えられた. クレマンはピエールと交替した.
☐ 483 **retrouver**	(なくしたもの)を見つける，取り戻す
☐ 484 **rêver**	～を夢見る
☐ 485 ▶ **rêver de** +人・もの	～の夢を見る
☐ 486 ▶ **rêver de** +不定詞	～することを切望する
☐ 487 **se moquer**	馬鹿にする
☐ 488 ▶ **se moquer de** +人・もの	～を馬鹿にする
☐ 489 **soigner**	～を世話する，～の手入れをする，～を治療する
☐ 490 = **prendre soin de** +人・もの ☐ (455)(456) = **s'occuper de** +人・もの	～を世話する，～の手入れをする

Elle **a soigné** mon chat pendant mon absence. = Elle a pris soin de mon chat pendant mon absence. = Elle s’est occupée de mon chat pendant mon absence.	彼女は私が留守の間，私の猫の世話をしてくれました.
□ 491 **se soigner**	健康に気をつける，身だしなみに気をつける
□ 492 **se souvenir**	思い出す，覚えている 〈過去分詞 **souvenu**〉
□ (277) ▶ **se souvenir de** ＋人・もの **[de** ＋不定詞 **/ que** ＋直説法**]** □ (278) ＝ **se rappeler** ＋人・もの **[**＋不定詞 **/ que** ＋直説法**]** □ 493 ＝ **ne pas oublier** ＋人・もの **[de** ＋不定詞 **/ que** ＋直説法**]**	～(すること[ということ])を思い出す，覚えている
Je **me souviens de** son nom. = Je me rappelle son nom. = Je n’ai pas oublié son nom.	私は彼[彼女]の名前を覚えています.
□ 494 **se tromper**	間違う
□ 495 ▶ **se tromper de** ＋人・もの・数量表現	～を間違う
□ 496 **situer**	～を位置づける
□ 497 ▶ **se situer**	位置する
□ 498 **toucher**	～に触る

13. 抽象的な事柄を対象とする

🎧083

□ 499 **accepter**	～を受け取る，受け入れる，承諾する
□ 500 ▶ **accepter de** ＋不定詞	～することを承諾する
□ 501 **continuer**	～を続ける，続く
□ 502 ▶ **continuer à [de]** ＋不定詞	～し続ける
□ 503 ＝ 動詞＋ tout le temps	絶えず～する
□ 504 ＝ ne pas cesser de ＋不定詞	
□ 505 ＝ ne pas (s')arrêter de ＋不定詞	
□ 506 **décider**	～を決める
□ 507 ▶ **décider de** ＋不定詞	～することを決める
□ 508 ＝ prendre la décision de ＋不定詞	
□ 509 **discuter**	～を話し合う，議論する
□ 510 ▶ **discuter de** ＋人・もの	～について話し合う，議論する
□ (151) ＝ parler de ＋人・もの	～について話す
□ 511 **organiser**	～を組織する，企画する，準備する
□ 512 **obtenir**	～を手に入れる，（賞など）を獲得する 〈過去分詞 **obtenu**〉
□ 513 ＝ gagner	（賞など）を獲得する
Il **a obtenu** le premier prix au concours. ＝ Il a gagné le premier prix au concours.	彼はコンクールで一等賞を獲得した。

□ 514 **prévoir**	～を予想する 〈過去分詞 **prévu**〉
□ 515 **proposer**	～を提案する
□ 516 **refuser**	～を拒否する
□ 517 ＝ ne pas accepter	～を承諾しない
Mes collègues **ont refusé** ma proposition. ＝ Mes collègues n'ont pas accepté ma proposition.	私の同僚たちは私の提案を拒否しました.

14. 状態

084

□ (001) **aller**	(調子が) ～である，似合う
Qu'est-ce qui ne **va** pas ? Comment ça **va** ?	どこの調子がよくないのですか？ 調子はどうですか？元気ですか？
□ 518 ▸ **aller bien**	調子がよい
□ 519 ＝ être en bonne santé	元気である
□ 520 ＝ être en forme	
□ 521 ＝ se porter bien	
□ 522 ↔ aller mal	調子が悪い
Vos parents **vont bien** ? ＝ Vos parents sont en bonne santé ? ＝ Vos parents sont en forme ? ＝ Vos parents se portent bien ?	あなたのご両親はお元気ですか？
□ 523 ▸ **aller bien à** ＋人・もの **[avec** ＋もの**]**	～によく似合う

Ce pull te **va** très **bien**.	このセーターはあなたにとてもよく似合っていますね．
Ce sac **va mieux avec** cette robe.	このバッグはこのワンピースとの方がよく似合う．
☐ 524 **apparaître**	現れる，出現する 〈過去分詞 **apparu**〉
☐ 525 **convenir**	適している 〈過去分詞 **convenu**〉
☐ 526 ▸ **convenir à** ＋人・もの	～に適している，～に都合がよい
☐ 527 **couler**	流れる
☐ 528 **coûter** ＋価格	値段が～である
☐ (346) ＝ **payer** ＋もの＋金額	～の代金を～払う
☐ 529 ＝ **payer** ＋金額＋ **pour** ＋もの	～に～を支払う
Ce sac m'**a coûté** 100 euros. = J'ai payé ce sac 100 euros. = J'ai payé 100 euros pour ce sac.	このバッグは 100 ユーロしました． ▹ 主語が変わるので注意して下さい．
☐ 530 ▸ **coûter cher**	高い，高くつく
☐ (348) ≒ **payer cher** ＋もの	～に高い金を払う
Ce sac t'**a coûté cher** ? = Tu as payé cher ce sac ?	このバッグは高かった？
☐ 531 **dépendre**	～次第である〈過去分詞 **dépendu**〉
☐ 532 ▸ **dépendre de** ＋人・もの	～次第である
☐ 533 **devenir**	～になる 〈過去分詞 **devenu** ▹ 助動詞は **être**〉

□ (533) ▶ **devenir** ＋形容詞・職業	～になる
Elle **est devenue** pianiste.	彼女はピアニストになりました.
□ 534 **disparaître**	消える 〈過去分詞 **disparu**〉
□ 535 **durer**	継続する，長く続く
□ (501) ＝ **continuer**	続く，続ける
□ 536 **être** ＋場所	(～で) ある，(～に) いる・ある
□ 537 ＝ **se trouver** ＋場所	(～に) いる・ある
Ce musée **est** dans le centre-ville. ＝ Ce musée se trouve dans le centre-ville.	その美術館は町の中心にあります.
□ 538 **exister**	存在する，生きる
Ce modèle de téléphone n'**existe** plus.	この型の電話はもうありません.
□ 539 **habiter**	住む
□ (064) ▶ **habiter dans [à / en]** ＋場所 □ 540 ＝ **vivre dans [à / en]** ＋場所	～に住む，～で暮らす
Ils **ont** toujours **habité dans** cette maison. ＝ Ils ont toujours vécu dans cette maison.	彼らはずっとこの家に住んでいました.
□ 541 **manquer**	～を欠く
□ 542 ▶ **Il manque ...**	～が欠けている ▹ 非人称構文
□ 543 ＝ **Il n'y a pas assez de ...**	～が十分ない
Il manque des chaises. ＝ Il n'y a pas assez de chaises.	いすが足りません.
□ 544 ▶ **manquer de** ＋もの	～が不足している
□ 545 ≒ **ne pas avoir de** ＋もの	～を持っていない

Elle **manque de** patience. = Elle n'a pas de patience.	彼女は忍耐力がない.
☐ 546 **se mettre** ＋場所・状態	〜に身を置く，〜という状況になる　〈過去分詞 **mis**〉
☐ 547 ▸ **se mettre d'accord**	合意に達する
☐ 548 ▸ **se mettre en colère**	怒り出す
☐ 549 ▸ **se mettre à** ＋もの・不定詞 ☐ (355) ＝ **commencer à** ＋不定詞	〜に取り掛かる，〜し始める 〜し始める
☐ 550 ▸ **se mettre au travail**	仕事を始める
Nous **nous mettons au travail** chaque jour à 9 heures. = Nous commençons à travailler chaque jour à 9 heures.	私たちは毎日9時に仕事を始めます.
☐ 551 **paraître**	現れる，出版される 〈過去分詞 **paru**〉
☐ 552 ▸ **paraître** ＋形容詞 ☐ 553 ＝ **sembler** ＋形容詞 ☐ 554 ＝ **avoir l'air** ＋形容詞	〜のように見える
Il **paraît** fatigué. = Il semble fatigué. = Il a l'air fatigué.	彼は疲れているようだ.
☐ 555 ▸ **Il paraît que** ＋直説法 ☐ 556 ＝ **Il semble que** ＋直説法 / 接続法	〜だそうだ，〜らしい

□ (050) **passer**	通用する ▹ 助動詞は avoir.
□ 557 ▸ **passer pour** +人・もの	〜と見なされる，〜として通る
□ 558 = **être considéré comme ...**	〜と見なされる，〜と思われる
Il **passe pour** le meilleur élève de la classe. = Il est considéré comme le meilleur élève de la classe.	彼はクラスで一番できると思われています.
□ 559 **posséder**	所有する
□ 560 = **avoir**	〜を持っている 〈過去分詞 **eu**〉
□ 561 = **appartenir à** +人・もの	〜に属する，〜のものである
□ 562 = **être à** +人	〜のものである
Mes parents **possèdent** cet appartement.	私の両親はこのマンションを所有しています.
= Mes parents ont cet appartement.	私の両親はこのマンションを持っています.
= Cet appartement appartient à mes parents. = Cet appartement est à mes parents.	このマンションは私の両親のものです. ▹ 主語が変わるので注意して下さい.
□ 563 **ressembler**	似ている
□ 564 ▸ **ressembler à** +人・もの	〜に似ている
□ 565 **s'agir**	問題である
□ 566 ▸ **Il s'agit de** +人・もの	〜が問題である ▹ 非人称構文
Il s'agit de la pollution de l'eau.	水の汚染が問題なのです.
□ 567 **sentir**	〜を感じる 〈過去分詞 **senti**〉

□ 568 ▶ **se sentir** ＋形容詞・副詞	自分が〜だと感じる
Je ne **me sens** pas très bien.	あまり気分がよくありません.
□ 569 **suffire**	十分である 〈過去分詞 **suffi**〉
□ 570 ＝ **avoir assez de ...**	〜を十分持っている
□ 571 **valoir**	〜の値段である，価値がある 〈過去分詞 **valu**〉
□ 572 ▶ **Il vaut mieux** ＋不定詞	〜する方がよい ▹ 非人称構文
□ (240) ＝ **devoir** ＋不定詞	〜する方がよい ▹ 条件法で
□ (292) ＝ **conseiller à** ＋人＋ **de** ＋不定詞	〜に〜することを勧める
Il vaudrait mieux te reposer. ＝ Tu devrais te reposer. ＝ Je te conseille de te reposer.	休んだ方がいいよ.
□ 573 **vivre**	生きる，生活する 〈過去分詞 **vécu**〉
Elle **vit** avec sa fille.	彼女は娘と一緒に暮らしています.

15. 数量・形状の変化

086

□ (074) **augmenter**	増える，〜を増やす
□ 574 ＝ **être de plus en plus** ＋形容詞	ますます〜になる
Le nombre de personnes âgées **augmente** ici. ＝ Les personnes âgées sont de plus en plus nombreuses ici.	ここでは老人はますます多くなっています.

□ 575 **diminuer**	～を減らす，減る
□ 576 ＝ **Il y a de moins en moins de** ＋名詞 □ 577 ＝ **être de moins en moins nombreux, nombreuses**	～がますます少なくなる
Le nombre d'habitants dans ce village **a diminué**. ＝ Il y a de moins en moins d'habitants dans ce village. ＝ Les habitants de ce village sont de moins en moins nombreux.	この村の人口は減少しています.
□ 578 **grandir**	大きくなる，成長する 〈過去分詞 **grandi**〉
□ 579 **grossir**	太る 〈過去分詞 **grossi**〉
□ 580 ＝ **prendre du poids**	
Il **a grossi** récemment. ＝ Il a pris du poids récemment.	彼は最近太りました.
□ 581 ▸ **grossir de ... kilos** □ 582 ＝ **prendre ... kilos**	～キロ太る
J'ai **grossi de** 2 **kilos**. ＝ J'ai pris 2 kilos.	私は 2 キロ太りました.
□ 583 **maigrir**	やせる 〈過去分詞 **maigri**〉
□ 584 ＝ **perdre du poids**	

Elle veut **maigrir**. = Elle veut perdre du poids.	彼女はやせたいと思っています.
☐ 585 ▸ **maigrir de ... kilos** ☐ 586 = **perdre ... kilos**	〜キロやせる
J'ai maigri de 2 **kilos**. = J'ai perdu 2 kilos.	私は 2 キロやせました.

16. 天気

🎧 087

☐ (560) **avoir**	(ある天気に) なる
☐ 587 ▸ **avoir (du) beau [mauvais] temps**	天気がよい [悪い]
☐ 588 ▸ **avoir du soleil [du vent / de la pluie / de la neige]**	日が射している [風がある / 雨 / 雪に降られる]
☐ (223) **faire**	(ある天気) である ▹ 非人称構文
☐ 589 ▸ **Il fait beau [mauvais / chaud / froid / doux / du vent / du soleil].**	天気がよい [悪い / 暑い / 寒い / 穏やか / 風がある / 日が照っている].
☐ 590 **neiger**	雪が降る ▹ 非人称構文
☐ 591 ▸ **Il neige.** ☐ 592 ≒ **Il y a de la neige.**	雪が降る
Il a beaucoup neigé dans notre région. = Il y a eu beaucoup de neige dans notre région.	私たちの地方は大雪でした.

☐ 593 **pleuvoir**	雨が降る ▹非人称構文 〈過去分詞 **plu**〉
☐ 594 ▸ **Il pleut.** ☐ 595 = **Il y a de la pluie.**	雨が降る
Il a beaucoup plu dans notre région. = Il y a eu beaucoup de pluie dans notre région.	私たちの地方は大雨でした.

17. avoir, être, faire, prendre を用いた表現

1) avoir を用いた表現 〈過去分詞 eu〉 088

☐ 596 **avoir besoin de** ＋人・もの [**de** ＋不定詞]	〜(すること)が必要である
☐ (249) = **Il faut** ＋もの	〜が必要である ▹非人称構文
J'ai besoin de deux heures pour faire ce travail. = Il me faut deux heures pour faire ce travail.	この仕事をするには２時間必要です.
☐ (114) **avoir envie de** ＋もの・不定詞	〜が欲しい, 〜したい
☐ 597 ▸ **ne pas avoir envie de** ＋不定詞 ☐ 598 ≒ **Ça ne dit rien à** ＋人＋ **de** ＋不定詞	〜したくない 〜には〜することは興味がない

Je **n'ai pas envie d'**aller voir ce film. = **Ça ne** me **dit rien d'**aller voir ce film.	その映画は見に行きたくありません。
□ 599 **avoir lieu**	（出来事が）起こる，（行事などが）開催される
□ 600 **avoir mal à** ＋体の一部	～が痛い
avoir mal à la tête **avoir mal au** ventre **avoir mal au** dos	頭が痛い お腹が痛い 背中が痛い
□ (426) **avoir peur de** ＋人・もの・不定詞	～（するの）が怖い，心配だ
□ 601 **avoir confiance en [dans]** ＋人・もの	～を信頼している
□ 602 **avoir de la chance**	運がよい
□ 603 **avoir de la patience**	忍耐力がある
□ 604 **avoir de quoi** ＋不定詞	～するのに必要なものを持っている
Tu **as de quoi** écrire ?	何か書くものを持っていますか？
□ 605 **avoir des nouvelles de** ＋人	～から便りがある
□ 606 **avoir du succès**	成功する，（映画などが）ヒットする
□ 607 **avoir du temps pour** ＋不定詞	～する時間がある
□ 608 = **avoir le temps de** ＋不定詞	
□ 609 **avoir pour but de** ＋不定詞	～することを目的としている
□ 610 **avoir faim [soif]**	お腹がすいている［喉が渇いている］
□ 611 **avoir l'habitude de** ＋不定詞	～する習慣がある
□ 612 **avoir l'intention de** ＋不定詞	～するつもりです

☐ (129) **avoir le courage de** ＋不定詞	～する勇気がある
☐ 613 **avoir le droit de** ＋不定詞	～する権利がある
☐ 614 **avoir raison (de** ＋不定詞 **)**	(～するのは) 正しい
☐ 615 **avoir tort (de** ＋不定詞**)**	(～するのは) 間違っている
☐ 616 **avoir rendez-vous avec** ＋人	～と会う約束がある
☐ 617 **en avoir assez de** ＋人・もの **[de** ＋不定詞**]**	～(すること) にうんざりしている

2) être を用いた表現 〈過去分詞 été〉 🎧089

☐ 618 **être à l'heure**	時間通りである
☐ 619 **être d'accord avec** ＋人・もの	～と同じ意見である
☐ 620 ＝ **être du même avis que** ＋人	
☐ 621 **être en danger**	危険な状態にある
☐ 622 **être en train de** ＋不定詞	～している最中である
☐ 623 **être en vacances**	休暇中である

3) faire を用いた表現 🎧090

☐ 624 **faire** ＋不定詞	～させる ▹ 使役動詞
faire lire	読ませる
☐ 625 **se faire** ＋不定詞	～してもらう，～される
Elle **s'est fait** couper les cheveux.	彼女は髪を切ってもらった.
☐ 626 **Ça fait** ＋期間＋ **que** ＋直説法	～してから～経つ
Ça fait un mois **que** je ne l'ai pas vu.	彼に会わなくなって1か月経つ.

□ (223) **faire** ＋スポーツ・趣味	～をする
faire du ski	スキーをやる
faire du judo	柔道をやる
faire du vélo	自転車に乗る
faire de la moto	バイクに乗る
faire de la peinture	絵を描く
□ 627 **faire attention à** ＋人・もの **[à** ＋不定詞**]**	～に［～するように］気をつける
□ (422) **faire confiance à [en]** ＋人・もの	～を信用する
□ 628 **faire de son mieux**	最善をつくす
□ 629 **faire des efforts**	努力する
□ 630 **faire des progrès (en** ＋もの**)**	（～において）進歩する
□ 631 **faire des [les] courses**	買い物をする
□ 632 **faire jour**	夜が明ける ▹ 非人称構文
Il **fait jour**.	夜が明けました.
□ 633 **faire nuit**	夜になる ▹ 非人称構文
Il **fait nuit**.	夜になりました.
□ 634 **faire partie de** ＋もの	～の一部をなす，～に所属する
□ 635 **faire peur à** ＋人	～を怖がらせる
□ 636 **faire plaisir à** ＋人	～を喜ばせる

4) prendre を用いた表現 🎧091

□ (185) **prendre** ＋乗り物	～に乗る

prendre le métro	地下鉄に乗る
prendre le train	電車に乗る
prendre l'avion	飛行機に乗る
prendre le bus	バスに乗る
☐ 637 **prendre contact avec** ＋人	～と連絡を取る
☐ 638 **prendre des vacances**	休暇をとる
☐ 639 **prendre des photos**	写真をとる
☐ 640 ▶ **prendre** ＋人・もの＋ **en photo**	～の写真をとる
☐ 641 **prendre son temps**	ゆっくり時間をとる
Prenez votre temps.	どうぞごゆっくり.

練習問題

A, B がほぼ同じ意味になるように，下の動詞から 1 つずつ選び，必要な形にして（　　）内に書き入れて下さい．同じものは一度しか使えません．

仏検の問題 3 に正しく答えるためには特に次のことが求められます．

1. 正しい法・時制，特に直説法（現在・複合過去・半過去・単純未来），接続法（現在），命令法の活用形を正確に書く．

   自動詞と他動詞の構文上の違いを確認することも必要です．

2. 別の動詞・構文を使った同義の文に書き変える．

   Il faut que je parte maintenant.　　今，出かけなければなりません．

   = Je **dois** partir maintenant.

   Il fait du vent.　　風があります．

   = **Il y a** du vent.

3. 反意語を使った同義の文に書き変える．

   反意語を否定形で使うと同義になります．

   laisser tranquille　　放っておく

   ↔ **déranger**　　邪魔する

   laisser tranquille　　放っておく

   = **ne pas déranger**　　邪魔しない

   Laisse ta sœur **tranquille**.　　お姉さんの邪魔しないで．

   = **Ne dérange pas** ta sœur.

1.

1) **A :** J'ai pensé que cette exposition était intéressante.

B : J'(　　　　) cette exposition intéressante.

私はこの展覧会を面白いと思いました.

2) **A :** Pourriez-vous me montrer votre passeport ?

B : Pourriez-vous me (　　　　) votre passeport ?

あなたのパスポートを見せていただけますか？

3) **A :** On a bâti cette maison il y a un siècle.

B : Cette maison (　　　　) il y a un siècle.

この家は一世紀前に建てられました.

4) **A :** Il a rangé enfin son bureau.

B : Il (　　　　) enfin de l'ordre dans son bureau.

彼はやっと机を整理した.

5) **A :** Je déteste cette couleur.

B : Cette couleur ne me (　　　　) pas du tout.

私はその色は大嫌いです.

① aimer	② avoir	③ construire	④ mettre
⑤ plaire	⑥ présenter	⑦ trouver	

【解答】 1.　1) ⑦ **ai trouvé**　2) ⑥ **présenter**　3) ③ **a été construite**

4) ④ **a mis**　5) ⑤ **plaît**

2.

1) **A :** Il aide souvent ses voisins.

B : Il (　　　　　) souvent service à ses voisins.

彼はよくお隣りを助けます.

2) **A :** Elle a grossi de 3 kilos en un an.

B : Elle (　　　　　) 3 kilos en un an.

彼女は１年間で３キロ太りました.

3) **A :** Les dates des examens ont été annoncées hier aux élèves.

B : On (　　　　　) hier les élèves des dates des examens.

試験の期日は昨日生徒たちに発表されました.

4) **A :** Il n'a pas arrêté de travailler jusque tard dans la nuit.

B : Il (　　　　　) à travailler jusque tard dans la nuit.

彼は夜遅くまで仕事をやめませんでした.

5) **A :** Nous aurons besoin d'environ deux heures en voiture pour y arriver.

B : Il nous (　　　　　) environ deux heures en voiture pour y arriver.

そこに着くには，車で約２時間必要でしょう.

① avoir	② continuer	③ faire	④ falloir
⑤ informer	⑥ prendre	⑦ rendre	

【解答】 2.　1) ⑦ **rend**　2) ⑥ **a pris**　3) ⑤ **a informé**　4) ② **a continué**　5) ④ **faudra**

3.

1) **A :** Les touristes étrangers sont de plus en plus nombreux dans notre ville.

B : Le nombre de touristes étrangers (　　　　) dans notre ville.

私たちの町には，外国人観光客がますます多くなっています.

2) **A :** Elle nous a avertis de l'heure de son arrivée à l'aéroport.

B : Elle nous (　　　　) de l'heure de son arrivée à l'aéroport.

彼女は私たちに空港へ到着する時間を知らせてきました.

3) **A :** Il continue de pleuvoir depuis ce matin.

B : La pluie ne (　　　　) pas de tomber depuis ce matin.

雨は今朝からずっと降っています.

4) **A :** J'ai payé cher ce sac.

B : Ce sac m'(　　　　) cher.

私はこのバッグに高いお金を払った.

5) **A :** Elle a peur d'arriver en retard à son rendez-vous.

B : Elle (　　　　) d'arriver en retard à son rendez-vous.

彼女は待ち合わせに遅れるのを心配しています.

① augmenter	② cesser	③ coûter	④ craindre
⑤ dire	⑥ être	⑦ prévenir	

【解答】 **3.** 1) ① **augmente [a augmenté]** 2) ⑦ **a prévenus**
3) ② **cesse** 4) ③ **a coûté** 5) ④ **craint**

4.

1) **A :** Quelqu'un vous demande au téléphone.

B : On vous ( ) au téléphone.

誰かからかあなたに電話ですよ.

2) **A :** Le professeur est sûr de la réussite de cet étudiant.

B : Le professeur ne ( ) pas de la réussite de cet étudiant.

先生はその学生の成功を確信しています.

3) **A :** Sa mère l'interdit de sortir le soir.

B : Sa mère ne lui ( ) pas de sortir le soir.

彼のお母さんは彼が夜に外出するのを禁じています.

4) **A :** Le jeudi, elle enseigne le français dans cette université.

B : Le jeudi, elle ( ) des cours de français dans cette université.

私は木曜日にこの大学でフランス語を教えています.

5) **A :** Il a gagné le premier prix au concours de piano.

B : Il ( ) le premier prix au concours de piano.

彼はピアノコンクールで一等賞を取りました.

① appeler ② douter ③ donner ④ apprendre
⑤ obtenir ⑥ permettre ⑦ prendre

【解答】 **4.** 1) ① **appelle** 2) ② **doute** 3) ⑥ **permet** 4) ③ **donne**
5) ⑤ **a obtenu**

5.

1) **A :** J'ai l'impression qu'il ne dit pas la vérité.

B : J'ai l'impression qu'il (　　　　　).

私は，彼は本当のことを言っていないと思います．

2) **A :** Tu peux couper ce gâteau en cinq ?

B : Tu peux (　　　　　) ce gâteau en cinq ?

このケーキを５つに切ってくれますか？

3) **A :** Je n'oublierai jamais le jour de notre première rencontre.

B : Je (　　　　　) toujours du jour de notre première rencontre.

私は私たちが最初に会った日を決して忘れないでしょう．

4) **A :** La ville d'Angoulême est entre Poitiers et Bordeaux.

B : La ville d'Angoulême (　　　　　) entre Poitiers et Bordeaux.

アングレームの町はポワティエとボルドーの間にあります．

5) **A :** Ils nous ont informés de la naissance de leur fille.

B : Ils nous (　　　　　) part de la naissance de leur fille.

彼らは私たちに彼らの娘の誕生を知らせてくれました．

① aller　② apprendre　③ mentir　④ faire
⑤ partager　⑥ se souvenir　⑦ se trouver

【解答】 5.　1) ③ **ment**　2) ⑤ **partager**　3) ⑥ **me souviendrai**
4) ⑦ **se trouve**　5) ④ **ont fait**

6.

1) **A :** Cette table mesure un mètre cinquante.

B : Cette table (   ) un mètre cinquante.

このテーブルは１メートル50あります.

2) **A :** J'aimerais bien que tu viennes me voir plus souvent.

B : J'aimerais bien que tu me (   ) visite plus souvent.

もっと頻繁に会いに来て欲しい.

3) **A :** En général, je mets une heure pour préparer le dîner.

B : En général, ça me (   ) une heure pour préparer le dîner.

夕食を作るのに，私は普通１時間かかります.

4) **A :** Il y a encore du café ?

B : Il (   ) encore du café ?

コーヒーはまだありますか？

5) **A :** C'est mon mari qui accompagne notre fille à la piscine.

B : C'est mon mari qui (   ) notre fille à la piscine.

娘をプールに連れて行くのは私の夫です.

① aller　② emmener　③ faire　④ falloir
⑤ prendre　⑥ rendre　⑦ rester

【解答】 6.　1) ③ **fait**　2) ⑥ **rendes**　3) ⑤ **prend**　4) ⑦ **reste**
5) ② **emmène**

7.

1) **A :** Mon frère habite à Lille depuis 6 mois.

B : Mon frère (　　　　) à Lille il y a 6 mois.

私の兄は6か月前からリールに住んでいます.

2) **A :** Mon ordinateur ne marche pas depuis hier.

B : Mon ordinateur (　　　　) en panne depuis hier.

私のコンピュータは昨日から故障しています.

3) **A :** Qu'est-ce que tu veux faire après le déjeuner ?

B : Qu'est-ce que tu (　　　　) envie de faire après le déjeuner ?

昼食後何をしたい？

4) **A :** Il a oublié son portable chez lui.

B : Il (　　　　) son portable chez lui.

彼は携帯電話を家に忘れました.

5) **A :** Nous devons finir ce travail tout de suite.

B : Il faut que nous (　　　　) ce travail tout de suite.

私たちはこの仕事をすぐに終えなければなりません.

① avoir	② être	③ faire	④ finir
⑤ laisser	⑥ pouvoir	⑦ s'installer	

【解答】 7.　1) ⑦ s'est installé　2) ② est　3) ① as　4) ⑤ a laissé
5) ④ finissions

8.

1) **A :** Nous ne connaissons pas le nom de cet acteur.

B : Nous ( ) le nom de cet acteur.

私たちはその俳優の名前を知りません.

2) **A :** Ils prennent soin de leur jardin.

B : Ils ( ) bien de leur jardin.

彼らはよく庭の手入れをしています.

3) **A :** Elle ne cesse pas de travailler.

B : Elle ( ) tout le temps.

彼女はいつも働いています.

4) **A :** Je peux t'emprunter ce livre ?

B : Tu peux me ( ) ce livre ?

この本を借りてもいい？

5) **A :** Qu'est-ce qu'il y a ?

B : Qu'est-ce qui ( ) ?

何があったの？

① devoir ② être ③ ignorer ④ prêter
⑤ s'occuper ⑥ se passer ⑦ travailler

【解答】 8. 1) ③ **ignorons** 2) ⑤ **s'occupent** 3) ⑦ **travaille**
4) ④ **prêter** 5) ⑥ **se passe**

9.

1) **A :** Je pense que vous pouvez lui faire confiance.

B : Je pense que vous pouvez (　　　　　) sur lui.

私は，彼は信用していいと思います．

2) **A :** Je ne connais pas son nom.

B : Je ne (　　　　　) pas comment il s'appelle.

私は彼の名前を知りません．

3) **A :** Je n'accepterai pas de faire ce travail la prochaine fois.

B : Je (　　　　　) de faire ce travail la prochaine fois.

私は，次回はこの仕事を引き受けません．

4) **A :** Ils ont l'air heureux en ce moment.

B : Ils (　　　　　) heureux en ce moment.

彼らは今幸せそうです．

5) **A :** Il n'a jamais assez d'argent.

B : Il (　　　　　) toujours d'argent.

彼はいつも十分なお金がありません．

① avoir　② compter　③ falloir　④ manquer
⑤ refuser　⑥ savoir　⑦ sembler

【解答】 **9.** 1) ② **compter** 2) ⑥ **sais** 3) ⑤ **refuserai** 4) ⑦ **semblent** 5) ④ **manque**

10.

1) **A :** J'ai maigri de 2 kilos pendant les vacances.

B : J'(　　　　) 2 kilos pendant les vacances.

私はバカンス中に2キロやせました.

2) **A :** Il ne peut pas venir avec nous à cause de son travail.

B : Son travail l'(　　　　) de venir avec nous.

彼は仕事のせいで，私たちと一緒に来られません.

3) **A :** Parmi ces robes, laquelle choisirais-tu ?

B : Parmi ces robes, laquelle (　　　　)-tu ?

このワンピースの中で，どれにしますか？

4) **A :** Nous avons habité à l'étranger pendant 10 ans.

B : Nous (　　　　) à l'étranger pendant 10 ans.

私たちは10年間外国に住んでいました.

5) **A :** À son âge, il n'est plus capable de marcher longtemps.

B : À son âge, il ne (　　　　) plus marcher longtemps.

彼の年では，もう長く歩くことはできません.

① avoir　② empêcher　③ perdre　④ pouvoir
⑤ prendre　⑥ tenir　⑦ vivre

【解答】 **10.** 1) ③ **ai perdu**　2) ② **empêche**　3) ⑤ **prendrais**　4) ⑦ **avons vécu**
5) ④ **peut**

4. 副詞

1. -ment で終わる副詞

092

-ment で終わる副詞は形容詞の女性形に -ment をつけて作ります.

例　actuel → actuelle → actuelle**ment**

e で終わる形容詞の場合はそのまま -ment をつけます.

例　rapide → rapide**ment**

□ 001 **actuellement**	**現在，今**
C'est **actuellement** la saison des pluies au Japon.	日本は今，梅雨です.
□ 002 **automatiquement**	**自動的に**
Cette porte se ferme **automatiquement**.	このドアは自動的に閉まります.
□ 003 **brusquement**	**突然**
Il s'est mis **brusquement** en colère.	彼は突然怒り出しました.
□ 004 **complètement**	**完全に，すっかり**
Elle a **complètement** changé depuis un an.	彼女は1年前からすっかり変わりました.
□ 005 **difficilement**	**苦労して，（否定的に）なかなか～できない**
Ils gagnent **difficilement** leur vie.	彼らは辛うじて生計を立てています.
□ 006 **directement**	**まっすぐに，直接に**
Elle est rentrée **directement** à la maison hier soir.	昨夜，彼女はまっすぐ帰宅しました.

□ 007 **égalememt**	**同様に**
Ils aiment les chiens et **également** les chats.	彼らは犬が好きですが，猫もまた好きです．
□ 008 **entièrement**	**完全に，全く，すっかり**
Le tremblement de terre a **entièrement** détruit une partie du village.	地震は村の一部を完全に破壊しました．
□ 009 **exactement**	**正確に，ちょうど，まさしく**
C'est **exactement** l'endroit où je voulais aller.	そこはまさしく私が行きたいと思っていた所です．
□ 010 **finalement**	**ついに，最後に，結局**
Nous avons **finalement** décidé d'acheter cette maison.	私たちはついにその家を買う決心をしました．
□ 011 **extrêmement**	**非常に，きわめて**
Cet examen est **extrêmement** difficile.	その試験は非常に難しい．
□ 012 **généralement**	**一般的に，普通**
Il fait **généralement** beau ici en septembre.	普通，ここでは9月は天気がよい．
□ 013 **gratuitement**	**ただで**
Nous avons assisté **gratuitement** à ce concert.	私たちはただでそのコンサートを聞きました．
□ 014 **gravement**	**重く，ひどく**
Il est **gravement** malade.	彼は重病です．
□ 015 **justement**	**まさに，ちょうど，正確に**
C'était **justement** ce que nous devions faire.	それはまさに私たちがしなければならないことでした．

☐ 016 **librement**	**自由に，率直に**
Il parle toujours très **librement**.	彼はいつもとても率直に話します．
☐ 017 **normalement**	**普通に，正常に**
Il devrait **normalement** être guéri dans une semaine.	通常なら，彼は 1 週間後には快復しているでしょう．
☐ 018 **parfaitement**	**完全に，完璧に，全く，**(oui の強調形として) **もちろん**
Vous avez **parfaitement** fait ce travail.	あなたはこの仕事を完璧にやりました．
☐ 019 **particulièrement**	**特に，とりわけ**
Il aime les gâteaux et **particulièrement** les choux à la crème.	彼はケーキが好きです，特にシュークリームが．
☐ 020 **rarement**	**まれに，めったに～ない**
Nous allons **rarement** au théâtre.	私たちはめったに芝居を見に行きません．
☐ 021 **régulièrement**	**定期的に，規則正しく**
Elle fait **régulièrement** des courses dans ce magasin.	彼女はいつもこの店で買い物をします．
☐ 022 **simplement**	**簡単に，ただ単に**
Le chien veut **simplement** sortir.	犬はただ外に出たいだけです．
☐ 023 **sûrement**	**確かに，きっと**
Il va **sûrement** arriver bientôt.	彼はきっともうすぐ来ますよ．
☐ 024 **terriblement**	**非常に，過度に**
Il fait **terriblement** chaud aujourd'hui.	今日は非常に暑い．

☐ 025 **tranquillement**	静かに，落ち着いて，平然と
Nous aimons prendre **tranquillement** un café ici.	私たちはここで静かにコーヒーを飲むのが好きです．
☐ 026 **tristement**	悲しげに
Ils se sont séparés **tristement** à l'aéroport.	彼らは空港で悲しく別れました．
☐ 027 **uniquement**	ただ，単に，もっぱら
Nous pensons **uniquement** à nos enfants.	私たちは私たちの子供のことだけを考えています．
☐ 028 **facilement**	容易に，簡単に
Il a **facilement** gagné le match de tennis.	彼はそのテニスの試合に楽々と勝ちました．
☐ 029 **heureusement**	運よく，幸いなことに
Je suis arrivé(e) **heureusement** à l'heure.	幸い，私は時間通りに着きました．
☐ 030 **lentement**	ゆっくりと
Pourriez-vous parler plus **lentement** ?	もっとゆっくり話していただけますか？
☐ 031 **malheureusement**	不幸にも，残念ながら
Je ne peux **malheureusement** pas aller avec vous.	残念ながら，私はあなたたちと一緒には行けません．
☐ 032 **rapidement**	速く，迅速に，急いで
J'ai lu **rapidement** ce rapport.	私はその報告書に急いで目を通しました．

□ 033 **seulement**	**ただ～だけ**
Ça coûte **seulement** 10 euros.	それは 10 ユーロしかしません．
□ 034 **tellement**	**とても，非常に，（～ de ＋無冠詞名詞）非常に多くの，（ne ... pas tellement ～）それほど～でない**
Ils sont **tellement** gentils.	彼らはとても親切です．

例外 094

□ 035 **absolument**	**絶対に，完全に，全く** ▹ oui の強調形として
Je dois **absolument** rentrer à la maison avant 20 heures.	私はどうしても20時前に家に帰らなければなりません．
□ 036 **évidemment**	**もちろん，当然**
Évidemment, elle est encore en retard.	もちろん，彼女はまた遅刻しています．
□ 037 **vraiment**	**本当に，非常に**
Ils sont **vraiment** courageux.	彼らは本当に勇敢です．

2. その他の副詞

095

□ 038 **ailleurs**	**よそに，よそでは，別のところに**
Il y a trop de bruit ici. On va aller **ailleurs**.	ここはうるさすぎます．別のところに行きましょう．

□ 039 **ainsi**	**このように，（文頭で）したがって**
Ne me parle pas **ainsi** ! On se voit vers midi. **Ainsi**, on pourra déjeuner ensemble.	私にそんな話し方をしないで！ 正午頃に会いましょう．そうすれば，昼食を一緒にできるでしょう．
□ 040 **cependant**	**しかしながら**
Il sait que le tabac est mauvais pour la santé. **Cependant**, il fume toujours.	彼はタバコが健康に悪いことは知っています．しかし，まだ相変わらず吸っています．
□ 041 **davantage**	**いっそう，それ以上に**
Il y a **davantage de** clients le week-end.	週末はもっと多くの客がいます．
□ 042 **même**	**〜でさえも，〜さえ，〜であっても**
Même les enfants peuvent faire ce gâteau.	そのケーキは子供でもできます．
□ 043 **toutefois**	**しかしながら，ただし**
J'irai avec vous au restaurant. **Toutefois**, j'arriverai un peu en retard.	私はあなたたちと一緒にレストランに行きます．ただし，少し遅れるでしょう．
□ 044 **alors**	**その時，その当時，だから**
J'étais **alors** lycéen(ne). Mon fils avait mal au ventre, **alors** je l'ai emmené chez le médecin.	当時，私は高校生でした． 私の息子はお腹を痛がっていました．だから医者に連れて行きました．
□ 045 **après**	**その後，（期間＋ après）〜の後に**
On va d'abord au cinéma et **après**, au restaurant. 3 jours **après**	まず映画に行き，その後，レストランに行きましょう． 3日後に

☐ 046 **avant**	以前は，（期間＋ avant）～の前に
Avant, il y avait une usine ici. 3 jours **avant**	以前，ここには工場がありました． 3日前に
☐ 047 **assez**	かなり，十分に
Merci, nous avons **assez** mangé.	ありがとうございます．十分いただきました．
☐ 048 ▶ **assez de** ＋名詞	十分な～
☐ 049 **aujourd'hui**	今日
Aujourd'hui, c'est justement mon anniversaire.	今日は，ちょうど，私の誕生日です．
☐ 050 **aussi**	～もまた，（aussi ＋形容詞・副詞＋ que ...）…と同じくらい～
Il y a des avantages mais **aussi** des inconvénients.	利点もありますが，不都合な点もあります．
☐ 051 **～ autant que ...** ☐ 052 ＝ **autant de** ＋名詞＋ **que ...**	…と同じぐらい～ …と同じだけの～
Cette année, il n'a pas neigé **autant que** l'année dernière. ＝ Cette année, nous n'avons pas eu autant de neige que l'année dernière.	今年は昨年ほど雪が降りませんでした．
☐ 053 **autrefois**	昔，以前は
Autrefois, il y avait beaucoup plus de gens qui habitaient ici.	昔は，ここに住んでいる人ははるかに多かった．

□ 054 **bien**	よく，上手に，非常に，確かに
□ 055 ↔ **mal**	悪く，下手に
Il a **bien** expliqué son projet.	彼は自分のプロジェクトを上手に説明しました．
J'ai **bien** dormi cette nuit. ↔ J'ai mal dormi cette nuit.	昨夜はよく眠れました． 昨夜はよく眠れませんでした．
□ 056 **bientôt**	まもなく
Il va **bientôt** faire nuit.	まもなく暗くなります．
□ 057 **dedans**	その中に［で］，内側に
Voici mon sac. Mets mes clés **dedans**.	これが私のバッグです．その中に私の鍵を入れて！
□ 058 ↔ **dehors**	外に［で］
Ne sors pas dehors maintenant !	今は外に出ないで！
□ 059 **déjà**	もう，すでに
Il est **déjà** 6 heures.	もうすでに6時です．
□ 060 **donc**	したがって，だから
Il pleuvait. Je n'ai **donc** pas pu promener le chien.	雨が降っていました．だから，犬の散歩はできませんでした．
□ 061 **encore**	まだ，また，もっと
Il habite **encore** ici. J'ai **encore** oublié mon portable.	彼はまだここに住んでいます． 私はまた携帯電話を忘れました．
□ 062 **enfin**	最後に，ついに
Ils se sont **enfin** retrouvés 20 ans après.	彼らは 20 年後にやっと再会しました．

☐ 063 **ensemble**	一緒に
Allons voir **ensemble** cette exposition.	一緒にその展覧会を見に行きましょう.
☐ 064 **ensuite**	次に，その後
D'abord, je vais faire le ménage et **ensuite** les courses.	私は，まず掃除をして，次に買い物をします.
☐ 065 **environ**	およそ，約
Il a **environ** 50 ans.	彼は 50 歳くらいです.
☐ 066 **juste**	ちょうど，正確に
Il est 8 heures **juste**. Le bureau de poste est **juste** en face de la boulangerie.	ちょうど8時です. 郵便局はパン屋の真正面です.
☐ 067 **loin**	遠くに，(de ...) ～から遠くに
Nos enfants habitent **loin**. Il vit **loin de** sa famille.	私たちの子供たちは遠くに住んでいます. 彼は家族から離れて暮らしています.
☐ 068 **longtemps**	長い間
Mon mari a **longtemps** travaillé dans cette société.	私の夫はこの会社で長く働きました.
☐ 069 **maintenant**	今，今日では
Ils ont **maintenant** deux enfants.	彼らは今では2人の子持ちです.
☐ 070 **mieux que ...**	…よりよく～　▷ bien の比較級
Elle parle **mieux** le français **que** l'anglais.	彼女は英語よりフランス語のほうを上手に話す.

☐ 071 **moins**	(形容詞・副詞＋ que ...) …より少なく～, (動詞＋ moins que ...) …より少なく～する, (de ＋名詞＋ que ...) …より少ない～
Il voit **moins** souvent ses amis **qu'**avant.	彼は，前ほど頻繁に友達に会っていません．
☐ 072 **parfois**	時々
Nous allons **parfois** nous promener dans ce parc.	私たちは時々この公園に散歩に行きます．
☐ 073 **partout**	どこでも，至るところに
Il y a des fleurs **partout** chez eux.	彼らの家には，至るところに花があります．
☐ 074 ▶ **un peu partout**	あちこちに
☐ 075 **peu**	あまり～ない
Cet employé est **peu** sympathique.	あの従業員はあまり感じがよくありません．
☐ 076 ▶ **un peu (de** ＋名詞**)**	少し（の～）
Je suis **un peu** fatigué(e).	私は少し疲れています．
☐ 077 **plus**	(形容詞・副詞＋ que ...) …よりもっと～, (動詞＋ plus que ...) …より多く～する, (de ＋名詞＋ que ...) …より多くの～
Il court **plus** vite **que** moi. Je voudrais avoir **plus de** temps pour moi.	彼は私よりも走るのが速い． 私は自分のためにもっと時間が欲しい．

☐ 078 **plutôt**	むしろ，どちらかと言えば
Je trouve que ce restaurant est **plutôt** bon et pas cher.	私はこのレストランはどちらかと言うとおいしいほうだし，高くないと思います.
☐ 079 **pourtant**	しかし（ながら），それでも
Il avait mal à la tête et **pourtant** il est parti travailler.	彼は頭痛がしましたが，それでも仕事に出かけました.
☐ 080 **presque**	ほとんど，ほぼ
Il est **presque** 3 heures. Nous avons **presque** fini de manger.	そろそろ3時です. 私たちはほとんど食べ終わりました.
☐ 081 **quelquefois**	時々
Je vais **quelquefois** à la piscine.	私は時々プールに行きます.
☐ 082 **si**	とても，それほど，そんなに，（否定の打消）いいえ
Il fait **si** chaud aujourd'hui ! Il n'est pas gentil. – Mais **si** !	今日はとても暑い！ 彼は親切ではありません . – いや，親切ですよ！
☐ 083 **surtout**	特に
Ce jardin est très beau, **surtout** au mois de mai.	この公園はとてもきれいです，特に5月は.
☐ 084 **tard** ☐ 085 ↔ **tôt**	遅く 早く
Il se couche **tard** tous les soirs. ↔ Il se couche tôt tous les soirs.	彼は毎晩遅く寝ます. 彼は毎晩早く寝ます.

□ 086 **tout**	**全く，非常に，すっかり**
J'habite **tout** près d'ici.	私はこのすぐ近くに住んでいます．
□ 087 ▶ **tout(e) seul(e)**	**ただ１人で**
□ 088 **trop**	**あまりに，～すぎる**
Ils travaillent **trop**.	彼らは働きすぎです．
□ 089 ▶ **trop de** ＋名詞	**あまりに多くの～**
J'ai bu **trop de** café.	コーヒーを飲みすぎました．
□ 090 **vite**	**速く，急いで**
Elle a **vite** répondu à mon message.	彼女は私のメールにすぐ返事をくれました．
□ 091 **volontiers**	**喜んで**
Nous irons **volontiers** vous voir dimanche.	日曜日に喜んでお伺いします．

3. 副詞句

097

□ 092 **à l'avance**	**早めに，前もって，（ある期間）前に**
Il vaut mieux acheter nos billets de train **à l'avance**.	電車の切符は前もって買っておいたほうがよい．
□ 093 **à mon avis**	**私の考えでは**
À mon avis, cet appartement est trop cher.	私の考えでは，このマンションは高すぎます．
□ 094 **à peu près**	**ほとんど，だいたい，およそ**
Il gagne **à peu près** deux mille euros par mois.	彼は月に約2000ユーロ稼ぎます．

☐ 095 **à peine**	ほとんど～ない，（数詞とともに）せいぜい～
Il fait **à peine** 10 degrés ce matin.	今朝は10度しかありません.
☐ 096 **à présent**	今は，現在
Il habite **à présent** à l'étranger.	彼は今外国に住んでいます.
☐ 097 **après tout**	要するに，結局
Après tout, cela nous est égal.	要するに，それは私たちにはどうでもいいことです.
☐ 098 **au choix**	好みに応じて，自由に選べる
Vous avez trois desserts **au choix** dans ce menu.	このコースではデザートは３つの中から自由に選べます.
☐ 099 **au fait**	（文頭で）ところで
Au fait, as-tu des nouvelles de Simon ?	ところで，シモンから連絡あった？
☐ 100 **au moins**	少なくとも
Elle a **au moins** 40 ans.	彼女は少なくとも40歳はいっています.
☐ 101 **au plus**	せいぜい，多くても
Nous serons absents deux semaines **au plus**.	私たちはせいぜい2週間留守にするだけです.
☐ 102 **au total**	合計で
Ça fait **au total** 80 euros.	合計で80ユーロになります.
☐ 103 **avant tout**	何よりもまず
Avant tout, il faut bien dormir.	まず何よりも，よく寝なければいけません.

□ 104 **ces derniers temps**	**最近**
Ces derniers temps, il fait trop chaud.	最近，暑すぎます．
□ 105 **≒ ces jours-ci**	**この頃，最近**
□ 106 **d'un côté ..., d'un autre côté ～**	**一方では…，他方では～**
D'un côté, cette maison a beaucoup de charme mais **d'un autre** côté, elle est trop grande pour nous.	この家は，一方では魅力的なところがたくさんあるが，他方では私たちには大きすぎます．
□ 107 **de plus**	**そのうえ，さらに**
Il travaille trop. **De plus**, il ne gagne pas beaucoup d'argent.	彼は働き過ぎです．そのうえ，たいして稼ぎも多くありません．
□ 108 **en effet**	**実は，すなわち，したがって**
Je ne suis pas venu(e) à l'université hier. **En effet**, j'étais enrhumé(e).	私は昨日大学に来ませんでした．実は，風邪でした．
□ 109 **en fait**	**実際には**
Nous devions être à la maison vers 20 heures. **En fait**, nous sommes rentrés vers 22 heures.	私たちは20時頃には家に帰っていなければならなかったのが，実際には，帰ったのは22時頃でした．
□ 110 **en même temps**	**同時に**
Nous sommes arrivés **en même temps** à l'aéroport.	私たちは，空港に同時に着きました．
□ 111 **en moyenne**	**平均して**
Je dors **en moyenne** 7 heures par jour.	私は１日平均７時間寝ています．

□ 112 **en plus**	**そのうえ，さらに，おまけに**
Nous lui avons apporté une bouteille de vin et **en plus** un gros gâteau.	私たちは彼にワイン１本と，さらに，大きなケーキを持って行きました．
□ 113 **en tout cas**	**いずれにせよ，ともかく**
Sais-tu où sont mes clés ? – Pas ici, **en tout cas**.	私の鍵はどこか知らない？ – とにかく，ここにはないよ．
□ 114 **malgré tout**	**それでもやはり**
Il était malade mais il a dû travailler **malgré tout**.	彼は病気でした．それでもやはり働かなければなりませんでした．
□ 115 **par contre**	**それに対して，その代りに**
Ce magasin est cher. **Par contre**, les produits sont de bonne qualité.	この店は高い．その代り，商品の質はよい．
□ 116 **petit à petit** □ 117 = **peu à peu**	**少しずつ**
Il a économisé **petit à petit** [peu à peu] pour ce grand voyage.	彼はこの大旅行のために，少しずつ貯金しました．
□ 118 **pour le moment** □ 119 = **pour l'instant**	**今のところ，さしあたり**
Pour le moment, tout se passe bien. = Pour l'instant, tout se passe bien.	今のところ，すべてうまくいっています．
□ 120 **tout à coup** □ 121 = **tout d'un coup**	**突然，急に**
Tout à coup, le train s'est arrêté.	突然，電車は止まりました．

□ 122 **tout à fait**	**全く，完全に**
Les travaux de la maison sont **tout à fait** terminés.	家の工事は完全に終わりました.
□ 123 **tout de même** □ 124 = **quand même**	**いずれにせよ，やはり，それでも**
J'ai attrapé un rhume, mais je vais **tout de même** travailler. = J'ai attrapé un rhume, mais je vais **quand même** travailler.	風邪を引いていますが，それでも仕事に行きます.
□ 125 **tout le temps**	**いつも，絶えず，ずっと**
Ils sont **tout le temps** ensemble.	彼らはいつも一緒です.
□ 126 **à ce moment(-là)**	**その時**
À ce moment(-là), il était plutôt en forme.	その時は，彼はどちらかというと元気でした.
□ 127 **à cette époque(-là)**	**当時**
À cette époque(-là), nous habitions près de Paris.	当時，私たちはパリの近くに住んでいました.
□ 128 **à l'heure**	**時間通りに**
Le train est arrivé **à l'heure** malgré le mauvais temps.	悪天候にも関わらず，電車は時間通りに着きました.
□ 129 **à voix haute [à haute voix]** □ 130 ↔ **à voix basse**	**大きな声で** **小さな声で**
Lisez ce texte **à voix haute**.	大きな声でこのテキストを読んで下さい.

☐ 131 **au contraire**	**反対に，それどころか**
Elle n'est pas malade. **Au contraire**, elle va très bien.	彼女は病気ではありません．それどころか，とても元気です．
☐ 132 **au début**	**初めは**
Au début, ce travail était fatigant mais je m'y suis habitué(e).	その仕事は最初はきつかったのですが，慣れました．
☐ 133 **bien sûr**	**もちろん**
Nous lui avons **bien sûr** fêté son anniversaire.	もちろん私たちは彼の誕生日を祝いました．
☐ 134 **d'abord**	**まず，最初に**
D'abord, nous avons visité le musée puis nous avons visité la ville.	私たちはまず美術館を見て，次に町を観光しました．
☐ 135 ▸ **tout d'abord**	**まず初めに，まず最初に** ▹ d'abord の強調
☐ 136 **d'habitude**	**いつもは**
D'habitude, je me lève vers 7 heures.	普通，私は7時頃起きます．
☐ 137 ▸ **comme d'habitude**	**いつものように**
☐ 138 **de mieux en mieux**	**ますますよく**
Mes enfants comprennent **de mieux en mieux** l'anglais.	私の子供たちはだんだん英語がよく分かるようになってきました．
☐ 139 **de moins en moins (de)**	**だんだん少なく**
Il y a **de moins en moins de** jeunes qui habitent ici.	ここに住む若い人はますます少なくなっています．

□ 140 **de plus en plus (de)**	**ますます（多くの）**
Avec l'hiver qui approche, il y a **de plus en plus de** gens enrhumés.	冬が近づくにつれて，風邪をひいている人がますます増えています.
□ 141 **de nos jours**	**今日では**
De nos jours, il se passe des choses vraiment bizarres.	今や，非常に奇妙なことが起こっています.
□ 142 **de temps en temps**	**時々**
Nous allons **de temps en temps** dans le sud de la France.	私たちは時々南フランスに行きます.
□ 143 **de toute façon** □ (113) ＝ **en tout cas**	**いずれにせよ，とにかく**
De toute façon, il n'est jamais content. ＝ En tout cas, il n'est jamais content.	いずれにせよ，彼は決して満足しません.
□ 144 **en ce moment**	**今**
En ce moment, il y a des films intéressants.	今，面白い映画をやっているよ.
□ 145 **en général**	**一般に，普通**
En général, je passe une heure à faire le ménage tous les matins.	普通，私は毎朝1時間家の掃除をします.
□ 146 **en groupe**	**グループで，集団で，団体で**
Vous allez faire cet exercice **en groupe**.	この練習問題はグループでやって下さい.
□ 147 **en particulier**	**特に**
Mon mari aime beaucoup la musique, **en particulier** le jazz.	私の夫はとても音楽が好きです．特にジャズが.

□ 148 **en retard**	遅れて，遅刻して
□ 149 ↔ **en avance**	早めに
Il est **en retard** de 10 minutes. = Il est en avance de 10 minutes.	彼は10分遅れています. 彼は10分早く来ています.
□ 150 **par exemple**	例えば
On pourrait aller au cinéma, **par exemple** mercredi prochain ?	映画に行こうか，例えば次の水曜日はどう？
□ 151 **par hasard**	偶然に
Je l'ai rencontré **par hasard** à la gare.	私は彼に駅で偶然出会いました.
□ 152 **(pour) la première fois**	初めて
□ 153 ↔ **(pour) la dernière fois**	最後に
Je suis allé(e) à Paris **pour la première fois**, il y a 10 ans.	私は10年前に初めてパリに行きました.
□ 154 **sans doute**	おそらく，たぶん
Il va **sans doute** neiger ce soir.	おそらく今夜は雪になるでしょう.
□ 155 **sur place**	その場で
Il vaut mieux se retrouver **sur place**.	現地で落ち合ったほうがよい.
□ 156 **tout à l'heure**	まもなく（未来），ついさっき（過去）
Je vais sortir faire des courses **tout à l'heure**.	私はしばらくしたら買い物に出かけます.
□ 157 **tout de suite**	すぐに，ただちに
À son arrivée, il m'a **tout de suite** téléphoné.	彼は到着するとすぐに私に電話してきました.

☐ 158 **un jour**	(過去の) ある日, (未来の) いつか
Nous aimerions bien aller **un jour** au Japon.	私たちはいつか日本に行きたいと思っています.
☐ 159 ▶ **l'autre jour**	先日
☐ 160 **une fois**	一度, 一回
Je ne suis allé(e) qu'**une fois** aux États-Unis.	私はアメリカへは一度しか行ったことがありません.
☐ 161 ▶ **une autre fois**	もう一度, また次の機会に

5. 前置詞

1. 場所・方向などを表す前置詞・前置詞句

1) 基本的な前置詞

□ 001 **à ...** ～に，～へ，～で	
a. 都市・島・国（男性）	Ses parents habitent **à** Bordeaux. 彼［彼女］の両親はボルドーに住んでいます． En été, **au** Japon, il fait plus chaud et plus humide qu'en France. 夏は，日本ではフランスより暑くて，湿気が多い． **au** Canada カナダに，**aux** États-Unis アメリカに，**à** Okinawa 沖縄に
b. 山・海・田舎	Nous passons nos vacances d'été **à** la mer et celles d'hiver **à** la montagne. 私たちは夏のバカンスは海で，冬のバカンスは山で過ごします． **à** la campagne 田舎に
c. 家・店・学校・病院など	J'aime rester **à** la maison. 私は家にいるのが好きです． **à** la boulangerie パン屋に，**à** la pharmacie 薬局に，**à** l'hôpital 病院に，**à** la poste 郵便局に，**à** l'école 学校に，**au** lycée 高校に，**à** l'université 大学に
d. 方向，方角	Prenez la première rue **à** gauche. 最初の通りを左に曲がって下さい． **à** droite 右に Versailles est **à** l'ouest de Paris. ベルサイユはパリの西にあります． **à** l'est 東に，**au** nord 北に，**au** sud 南に

☐ 002 **après ...** ～の向こうに，～を越えたところに	Sa maison est juste **après** le pont. 彼［彼女］の家は橋を越してすぐです．
☐ 003 **avant ...** ～の手前に	Le café est à gauche, juste **avant** la bibliothèque. そのカフェは左手の，図書館のすぐ手前です．
☐ 004 **chez ...** ～の家に，（医者など）に，～のお店で	Viens **chez** moi cet après-midi. 今日の午後私の家に来なさい． Je vais **chez** le boulanger, il n'y a plus de pain. パン屋に行ってくる，もうパンがないから． ▷ 店の場合は à la boulangerie となる． **chez** le coiffeur 理髪店・美容院で，**chez** le [la] fleuriste 花屋で，**chez** le médecin 医者に
☐ 005 **contre ...** ～にぴったりつけて，～にもたれて	J'ai mis le lit **contre** le mur. 私はベッドを壁にぴったりつけました． Il s'est appuyé **contre** un arbre. 彼は木に寄りかかりました．
☐ 006 **dans ...** ～の中に，～中で	
a. 都市・県・区・山脈など	À Paris, j'habitais **dans** le cinquième (arrondissement). 私はパリでは５区に住んでいました． **dans** les Alpes アルプスで，**dans** le sud de la France フランスの南部に
b. 不特定の場所，または特定の場所であるが，あえて明示しない場合 ▸ un [une] ＋名詞	Ma sœur travaille **dans** une banque. 私の姉は銀行で働いています． ▷ à la banque でもよい． Hier, nous avons mangé **dans** un restaurant français. 昨日，私たちはあるフレンチレストランで食事しました． ▷ aller au restaurant は単に「外食する」

□ 007 **de ...** 出発点・出身： **～から**	Il reviendra **de** l'université vers 19 heures. 彼は7時頃には大学から戻って来るでしょう. Il faut combien de temps pour aller **de** Tokyo à Sendai en train ? 東京から仙台まで電車では何時間かかりますか？ Mon père vient **de** Lille. 私の父はリール出身です.
□ 008 **derrière ...** **～の後ろに，～に次いで**	Je me suis caché(e) **derrière** la porte. 私はドアの後ろに隠れました. Au marathon du lycée, il était le deuxième **derrière** Lucas. 高校のマラソン大会で, 彼はルカに次いで2位でした.
□ 009 **devant ...** **～の前に**	Il y a un arrêt d'autobus **devant** la poste. 郵便局の前にバス停があります.
□ 010 **en ...** **～に，～で，～へ**	
a. (女性名詞の) 大陸・国・地方・州	Dans sa jeunesse, il a beaucoup voyagé **en** Europe. 彼は若いときヨーロッパをたくさん旅行しました. **en** Asie　アジアで, **en** Angleterre　イギリスで, **en** Espagne　スペインで, **en** Italie　イタリアで, **en** Bretagne　ブルターニュ地方で, **en** Normandie　ノルマンディー地方で, **en** Provence　プロヴァンス地方で
b. 町中・郊外・地方・海・山・教室　▷ 冠詞なしで, 個々の場所というよりは, 一般的にとらえた場所.	Je préfère habiter **en** ville. C'est plus pratique. 私は町中に住むのが好きです. その方がより便利だから. **en** banlieue　郊外に, **en** classe [cours]　授業中に, **en** province　地方に

□ 011 **entre ... (et ...)** **(～と) ～の間に, ～の間で**	La Suisse se trouve **entre** la France **et** l'Autriche. スイスはフランスとオーストリアの間にあります. J'hésite **entre** ces deux pulls. この２枚のセーターのどちらにしようか迷っています.
□ 012 **par ...** a. 通過地点：**～を通って, ～から** b. 体の一部 (▹ 特定の動詞とともに用いられる)：**～を**	Le chat est entré **par** la fenêtre. 猫は窓から入って来ました. Elle a pris sa fille **par** la main. 彼女は娘の手をつかみました.
□ 013 **parmi ...** **(3つ以上のもの・人) の中で, ～の間で**	**Parmi** les choses qu'elle a oubliées, j'ai trouvé un très joli foulard. 彼女が忘れたものの中に, とてもきれいなスカーフを見つけました. Y a-t-il quelqu'un **parmi** vous qui parle allemand ? あなた方の中に誰かドイツ語を話せる人がいますか？
□ 014 **sous ...** a. 場所：**～の下に** b. 天候 (雨, 雪)：**～の中を**	Il est parti en emportant une bouteille de vin **sous** le bras. 彼はワインを１本, 腕に抱えて帰って行きました. **sous** la table　テーブルの下に Je n'aime pas marcher **sous** la pluie. 私は雨の中を歩くのは好きではない. **sous** la neige　雪の中を
□ 015 **sur ...** **～の上に** ▹ ものの他に, 道路・プラットフォーム・路線・海岸なども.	Ne laisse pas ton argent **sur** la table ! お金をテーブルの上に置きっぱなしにしないで！ Le train pour Rennes est **sur** quelle voie ? レンヌ行きの列車は何番線ですか？

	Je suis allé(e) me promener **sur** la plage. 私は海岸に散歩に行きました. ▹「海岸に行く」は aller à la plage. Je n'ai pas d'argent **sur** moi. お金の持ち合わせがありません.
☐ 016 **vers ...** **～の方向に向かって**	Le chien est allé **vers** le jardin. 犬は公園の方に行きました.

2) 前置詞句

☐ 017 **à côté de ...** **～のそばに**	**À côté de** la pharmacie, il y a un petit supermarché. 薬局のそばに小さなスーパーがあります.
☐ 018 **au bord de ...** **～のほとりに，～沿いに**	Nous avons une maison **au bord de** la mer. 私たちは海のそばに家を持っています.
☐ 019 **au fond de ...** **～の底に，～の奥に**	J'ai trouvé ma clé **au fond de** mon sac. 鍵はバッグの底にありました. **au fond de** la mer　海底には
☐ 020 **autour de ...** **～の周りに**	**Autour de** la gare, il y a beaucoup de nouveaux immeubles. 駅の周りにはたくさんの新しいビルがあります.
☐ 021 **en direction de ...** **～に向かって，～行きの**	Pour aller à Angoulême, vous devez prendre le train **en direction de** Bordeaux. アングレムに行くには，ボルドー行きの電車に乗らなければいけません.
☐ 022 **en face de ...** **～の正面に**	Sa maison est juste **en face de** la mairie. 彼の家は市役所の真向かいです.

□ 023 **jusqu'à [jusque] ...** ～まで	On va marcher **jusqu'à** la gare. 駅まで歩きましょう.

2. 時の前置詞・前置詞句

1) 基本的な前置詞

□ (001) **à ...** ～に ▹ 時刻・時期・出来事が行われたとき.	Ce matin, je me suis réveillé(e) **à** 6 heures. 私は今朝は6時に目が覚めました. Je vais rentrer dans mon pays **à** Noël. 私はクリスマスには国に帰ります. Je vous verrai **à** mon retour. 帰ったらお目にかかりましょう. **Au** printemps, ce parc est très beau avec les cerisiers en fleurs. 春に桜が満開になると，この公園はとてもきれいです. **au** lever du soleil　日の出に，**au** coucher du soleil　日没に
□ (002) **après ...** ～以後に，～の後で ▸ **après** ＋ avoir [être] ＋過去分詞：～した後に	Je suis libre **après** 6 heures. 6時以降は暇です. **Après** être rentré chez lui, il s'est tout de suite couché. 彼は帰宅してすぐに寝ました.
□ (003) **avant ...** ～前に，～までに ▸ **avant de** ＋不定詞：～する前に	Il vient au bureau toujours **avant** 8 heures. 彼はいつも8時前に出社しています. Tu devrais bien réfléchir **avant d'**arrêter ton travail. 仕事を辞める前に，よく考えたほうがいいと思う.

□ (006) **dans ...** a. 現在から見た未来のある時点：**～後** b. ある特定の時間：**～の間，～の頃**	J'aurai 20 ans **dans** un an. 私は1年後に20歳になります. **dans** l'avenir [le futur] 将来は, **dans** son enfance 彼[彼女]の子供時代に, **dans** sa jeunesse 彼[彼女]の若いときに
□ 024 **de ... (à ...)** 始まり：**～から(～まで)**	Vous pouvez utiliser cette salle **de** 9 heures **à** 11 heures. あなたたちはこの部屋を9時から11時まで使用することができます.
□ 025 **depuis ...** **～から，～以来** ▹ 過去のあるときから現在まで継続している行為・状態.	J'habite à Tokyo **depuis** 2008. 私は2008年から東京に住んでいます. J'habite à Tokyo **depuis** 10 ans. 私は10年前から東京に住んでいます.
□ 026 **dès ...** **～からすぐに，～からすでに**	La boulangerie est ouverte **dès** 7 heures. パン屋は7時にはもう開いています.
□ (010) **en ...** a. 年・季節：**～に，～で**	Napoléon est né **en** 1769. ナポレオンは1769年に生まれました. Tu es né **en** quelle année ? あなたは何年生まれですか？ À Okinawa, il ne fait pas très froid même **en** hiver. 沖縄は冬でもあまり寒くない. **en** été 夏に, **en** automne 秋に ▹「春に」は **au** printemps.

b. 行為・出来事が完了するのにかかる時間：～かかって	J'ai lu ce livre **en** 2 jours. 私はこの本を２日で読み終えました.
☐ (011) **entre ... (et ...)** **(～と) ～の間**	Je suis libre **entre** 15 **et** 17 heures. 私は15 時から17 時の間は空いています. Nous n'avons même pas le temps de prendre un café **entre** les cours. 私たちは授業の合間にコーヒーを飲む時間さえありません.
☐ (012) **par ...** **～につき** ▹ 回数などを表すときの期間.	Vous devez prendre ce médicament trois fois **par** jour. あなたはこの薬を１日に3回飲なければいけません. Il gagne 2 500 euros **par** mois. 彼は月に 2,500 ユーロ稼ぎます. **par** an　１年につき, **par** heure　１時間につき, **par** semaine　１週間につき
☐ 027 **pendant ...** **～の間**	
a. 行為・出来事が継続した時間	Il a vécu **pendant** quelques années à Londres. 彼はロンドンで数年間暮らしました.
b. ある特定の期間	Ils se sont mariés **pendant** les vacances. 彼らはバカンス中に結婚しました.
☐ 028 **pour ...** **～の予定で，～までに**	Il est parti en France **pour** deux ans. 彼は２年間の予定でフランスに出発しました. Je dois terminer ce travail **pour** lundi prochain. 私はこの仕事を次の月曜日までに仕上げなければなりません.
☐ (016) **vers ...** **～の頃に**	Je te téléphonerai demain, **vers** 7 heures. 明日，７時頃，お電話します.

2) 前置詞句

□ 029 **à la fin de ...** ～の終わりに	Hier, j'étais terriblement fatigué(e) **à la fin de** la journée. 昨日，1日が終わったとき，私は大変疲れていました．
□ 030 **à partir de ...** ある事柄の始まり：～から	Ce fleuriste sera définitivement fermé **à partir du** premier octobre. この花屋は10月1日から廃業する予定です．
□ 031 **au début de ...** ～の初めに	Je vous recontacterai **au début de** la semaine prochaine. 来週初めにもう一度連絡します．
□ 032 **au bout de ...** ～後に，～経ってから	Il est revenu au Japon **au bout de** 2 ans. 彼は2年後，日本に戻って来ました．
□ 033 **au moment de ...** （まさに）～の［する］とき	**Au moment de** partir, j'étais très triste de quitter mes amis. 出発するとき，友達と別れるので私はとても悲しかった．
□ 034 **il y a ...** 現在から見た過去のある時点：～前	Je l'ai rencontrée à Ginza **il y a** 3 jours. 私は3日前に銀座で彼女に出会いました． **Il y a** 10 ans, j'habitais à Kobe. 私は10年前は神戸に住んでいました．
□ (023) **jusqu'à [jusque] ...** 継続する行為・状態の到達点：～まで	**Jusqu'à** quand restez-vous ici ? あなたはいつまでここにいるのですか？ Nous avons travaillé **jusque** (**jusqu'à**) tard dans la nuit. 私たちは夜遅くまで働きました．

3.　その他の用法

1)　基本的な前置詞

□ (001)　**à ...**	
a.　所有：**〜の**	Ce foulard est **à** Elise. 　このスカーフはエリーズのです． **À** qui est ce stylo ?　このペンは誰のですか？
b.　用途・特徴：**〜用の**	J'ai cassé une tasse **à** thé. 　ティーカップを１つ割りました． une brosse **à** dents　歯ブラシ，une cuillère **à** café　コーヒースプーン，une machine **à** laver 洗濯機，une salle **à** manger　ダイニングルーム une chambre **à** un lit [**à** deux lits]　シングル[ツイン] ルーム
c.　値段：**〜の**	Je prends le menu **à** 20 euros. 　私は 20 ユーロの定食にします．
d.　手段・道具：**〜で**	Cette écharpe est faite **à** la main. 　このマフラーは手編みです． Il faut écrire les réponses **au** stylo. 　解答はペンで書かなければいけません． N'oublie pas de fermer la porte **à** clé ! 　ドアに鍵をかけるのを忘れないで！
□ 035　**avec ...**	
a.　同伴：**〜と一緒に**	Elle est sortie **avec** ses enfants. 　彼女は子供たちと出かけました．
b.　付属：**〜が付いた**	Voulez-vous une chambre **avec** douche ou **avec** bain ? 　シャワー付きの部屋と風呂付きの部屋のどちらになさいますか？

c.　道具：**～で**	Pouvez-vous manger **avec** des baguettes ? あなたはお箸で食べられますか？
d.　様態：**～な様子で**	Il attend sa retraite **avec** impatience. 彼は定年退職を待ちかねています.
e.　条件：**～があれば**	**Avec** de la patience, tu pourras résoudre ce puzzle. 忍耐力があれば，このパズルは解けるでしょう.
f.　原因：**～のせいで**	**Avec** ce mauvais temps, le match de football a été annulé. この悪天候のせいで，サッカーの試合は中止になりました.
g.　一致：**～に，～と**	Je suis d'accord **avec** vous. 私はあなたに賛成です.
h.　対人関係：**～に対して**	Il est trop gentil **avec** ses enfants. 彼は子供たちを甘やかし過ぎです.
☐ 036　**comme ...**	
a.　比較：**～のように**	Elle parle exactement **comme** sa mère. 彼女は母親と全く同じような話し方をします.
b.　資格：**～として**	Je lui ai offert un DVD **comme** cadeau d'anniversaire. 私は彼に誕生プレゼントとしてDVDをあげました.
☐ (005)　**contre ...** 反対：**～に反して**	Je suis **contre** ce projet. 私はその計画には反対です.
☐ (007)　**de ...**	
a.　何らかの肉体的変化が現れる場合の原因・病因：**～(のせい)で**	Le chien tremble **de** froid. 犬は寒さで震えています. Mon grand-père est mort **de** vieillesse. 私の祖父は老衰で亡くなりました.

	de faim　お腹がすいて，飢えで，**de** soif　喉が乾いて，**de** honte　恥ずかくて，**de** joie　うれしくて，**d'**un cancer　ガンで
b.　差：**〜だけ**	Il est plus âgé que moi **de** deux ans. 彼は私より２歳年上です． Cette année, la consommation **de** vin a augmenté de 3 %. 今年，ワインの消費量は3%増加しました．
c.　de ＋高さ，幅，長さ： **高さ（幅，長さ）は〜**	Ce pont est de 500 mètres **de** long. この橋の長さは500メートルです． **de** haut　高さは，**de** large　幅は
□ (010)　**en ...** a.　状態：**〜の状態で［に］**	Elle est très **en** colère contre lui. 彼女は彼にとても怒っています． ▸ mettre ＋人＋ en colère　〜を怒らせる Les cerisiers sont **en** fleurs. 桜は満開です． **en** voyage　旅行中，**en** panne　故障している
b.　変化した後の形：**〜に**	Tu peux couper le gâteau **en** huit ? ケーキを８つに切ってくれますか？ Il faut traduire ce texte **en** français. このテキストをフランス語に訳さなければなりません．
c.　服装：**〜を着た**	Il y avait plusieurs écoliers **en** uniforme dans le parc. 公園に制服を着た小学生が何人かいました． Quand je l'ai vue, elle était **en** noir. 私が会ったとき，彼女は黒色の服を着ていました． **en** pyjama　パジャマ姿で
d.　材料：**〜でできた**	Il a offert à sa fille un collier **en** or. 彼は娘に金のネックレスを贈りました．

	Pierre veut habiter dans une maison **en** bois. ピエールは木造の家に住みたいと思っています．
e.　交通手段：**～に乗って**	Tu es venu **en** train, **en** bus ou **en** taxi ? あなたは電車で来たのですか，それともバス，あるいはタクシーで？ **en** moto　バイクで（または **à** moto），**en** vélo 自転車で（または **à** vélo）（「徒歩で」は **à** pied）
f.　分野・領域：**～において**	Son fils est très fort [faible] **en** anglais. 彼の息子は英語がとてもよくできる［できない］． C'est un étudiant **en** droit. 彼は法学部の学生です．
☐ 037　**malgré ...** **～にもかかわらず**	Il a continué à lire **malgré** le bruit. 彼は騒音にもかかわらず読み続けました．
☐ (012)　**par ...**	
a.　手段・方法：**～で**	Vous descendez **par** l'ascenseur ? エレベータで降りますか？ **par** l'escalier　階段で Je peux payer **par** carte de crédit ? クレジットカードで払えますか？ ▹「現金で」は **en** espèces / **en** liquide． J'ai appris la nouvelle **par** le journal. 私は新聞でそのニュースを知りました．
b.　受動態の動作主：**～によって**	Cette maison a été construite **par** mon grand-père. この家は私の祖父が建てたものです．
c.　交通手段・輸送手段：**～で**	Il est venu **par** le train de 8 heures. 彼は8時の電車で来ました． J'ai envoyé un cadeau à Paul **par** avion. 私はポールにプレゼントを航空便で送りました．

□ (028) **pour ...**	
a. 目的・用途：**～向けの**	Ce médicament est bon **pour** le rhume. この薬は風邪によく効きます. C'est un film **pour** enfants. それは子供向け映画です.
b. 賛成：**～に賛成して**	Vous êtes **pour** ou contre ce nouveau projet ? あなたは新しいプロジェクトに賛成ですか，反対ですか？
c. 譲歩：**～の割には**	Il est grand **pour** son âge. 彼は年の割には大きい.
d. **pour** ＋不定詞：**～するために**	Je n'avais pas assez d'argent **pour** payer mes études. 私は学費を払うのに十分なお金がありませんでした.
□ 038 **sans ...** 不在・欠如：**～なしで**	Nous avons commencé la réunion **sans** lui. 私たちは彼なしで会議を始めました. Jean est parti **sans** ses clés [**sans** parapluie]. ジャンは鍵［傘］を持たずに出かけました.
▸ **sans** ＋不定詞：**～せずに**	Il a travaillé tout l'après-midi **sans** se reposer. 彼は休まずに午後中ずっと働きました.
□ 039 **sauf ...** 例外：**～を除けば**	Le magasin est ouvert tous les jours, **sauf** le lundi. お店は月曜日を除いて，毎日開いています.
□ 040 **selon ...** 準拠：**～によれば** □ 041 ＝ **d'après ...**	**Selon** [**D'après**] la météo, il ne devrait pas pleuvoir. 天気予報によれば，雨は降らないでしょう. **selon** [**d'après**] le journal　新聞によると **selon** [**d'après**] moi　私の考えでは

□ (015) **sur ...** 比率：A sur B B のうち A	Cinq étudiants **sur** vingt sont absents aujourd'hui. 今日は20人の学生のうち5人が欠席しています.

2) 前置詞句

□ 042 **à cause de ...** ～のせいで，～が原因で ▹ 普通は悪い事態・結果になったことの理由	**À cause de** la chaleur, je meurs de soif. 暑さのせいで，喉が乾いて死にそうです.
□ 043 **à l'âge de ...** ～歳で	J'ai eu mon premier chat **à l'âge de** 10 ans. 私は10歳のとき最初の猫を飼いました.
□ 044 **à la place de ...** ～の代わりに	Je dois faire les courses **à la place de** ma mère. 私はお母さんの代わりに買い物をしなければなりません.
□ 045 **au lieu de ...** ～する代わりに，～しないで	**Au lieu de** t'amuser, tu ferais mieux d'étudier. 遊んでいないで，勉強したほうがいいよ.
□ 046 **de la part de ...** ～の側からの［に］	Ce cadeau est **de la part de** mes parents. このプレゼントは私の両親からです.
□ 047 **grâce à ...** ～のおかげで ▹ よい結果になったことの理由	**Grâce à** toi, j'ai pu finir mon travail à l'heure. あなたのおかげで，仕事を時間通りに終えることができました.
□ 048 **par rapport à ...** ～と比べて，～に対して	**Par rapport à** la semaine dernière, j'ai moins de travail. 先週と比べると，今週は仕事が少ないです.

練習問題

次の1) ～ 4) 内に入れるのに最も適切なものを，下の①～の⑥の中から1つずつ選び，解答欄にその番号を入れて下さい．ただし，同じものを複数回用いることはできません．なお, ①～⑥では, 文頭に来るものも小文字にしてあります．

1.

1) Je voudrais réserver une chambre (　　　　) un lit, s'il vous plaît.
   シングルルームを一部屋予約したいのですが．
2) Mon mari est plus âgé que moi (　　　　) 5 ans.
   私の夫は私より５歳年上です．
3) (　　　　) la météo, il va faire froid demain.
   天気予報によれば，明日は寒くなるでしょう．
4) Vous trouverez une banque (　　　　) face de la gare.
   銀行は駅の正面にありますよ．

① à	② de	③ en	④ entre	⑤ par	⑥ selon

2.

1) Ce grand magasin est ouvert (　　　　) partir de 10 heures.
   そのデパートは10時から開いています．
2) Nous sommes allés au café (　　　　) avoir fait du sport.
   私たちは，スポーツをした後，カフェに行きました．
3) Il est déjà 13 heures. Je meurs (　　　　) faim !
   もう１時だ．お腹が空いて死にそう！
4) (　　　　) cette pluie, nous ferions mieux de rester à la maison.
   こんな雨だから家にいたほうがよさそう．

① à	② après	③ avec	④ dans	⑤ de	⑥ sur

【解答】 **1.** 1) ① **à** 2) ② **de** 3) ⑥ **selon** 4) ③ **en**
2. 1) ① **à** 2) ② **après** 3) ⑤ **de** 4) ③ **avec**

3.

1) On peut bien voir les montagnes (   ) notre chambre d'hôtel.
私たちのホテルの部屋からは山がよく見えます.

2) Coupe ce gâteau (   ) 6, s'il te plaît.
このケーキを6つに切って下さい.

3) Cet enfant parle bien (   ) son âge.
この子は年齢の割にはよくしゃべります.

4) Au concours de violon, j'étais le troisième (   ) Paul et Pierre.
バイオリンコンクールで，私はポールとピエールに次いで3位でした.

① avec	② de	③ derrière	④ en	⑤ pour	⑥ vers

4.

1) Ce café est ouvert (   ) 7 heures.
このカフェはもう7時から開いています.

2) Mets le bureau (   ) le mur !
机を壁にぴったりくっつけて！

3) Il étudie chaque jour (   ) tard dans la nuit.
彼は毎日夜遅くまで勉強します.

4) J'ai peint ma table de jardin (   ) vert.
私は庭のテーブルを緑色に塗りました.

① avec	② contre	③ dès	④ en	⑤ jusque	⑥ par

【解答】 **3.** 1) ② de 2) ④ en 3) ⑤ pour 4) ③ derrière
4. 1) ③ dès 2) ② contre 3) ⑤ jusque 4) ④ en

5.

1) Il ne sortira pas de l'hôpital (　　　　) 2 semaines.
彼はまだ２週間は退院しないでしょう.

2) Ma machine à laver est tombée (　　　　) panne hier.
私の洗濯機は昨日故障した.

3) On est sans nouvelles de 3 personnes (　　　　) le tremblement de terre.
地震以来，３人の消息が分かりません.

4) Cette piscine est ouverte tous les jours (　　　　) le vendredi.
このプールは金曜日以外毎日開いています.

① avant	② de	③ depuis	④ en	⑤ sauf	⑥ sur

6.

1) Je n'ai pas mon portable (　　　　) moi.
今，携帯が手元にありません.

2) Parlez (　　　　) voix basse, s'il vous plaît.
もっと小さな声で話して下さい.

3) Ce médicament est (　　　　) danger pour les enfants.
この薬は子供にも危険はありません.

4) Nous avons visité 3 musées (　　　　) une journée.
私たちは１日で３つの美術館を見て回りました.

① à	② en	③ malgré	④ par	⑤ sans	⑥ sur

【解答】 5.　1) ① avant　2) ④ en　3) ③ depuis　4) ⑤ sauf
6.　1) ⑥ sur　2) ① à　3) ⑤ sans　4) ② en

7.

1) Appuyez sur ce bouton (　　　　) allumer la lumière.
電気をつけるには，このボタンを押して下さい.

2) On doit prendre le train (　　　　) direction de Lyon.
リヨン行きの電車に乗らなければならない.

3) Apporte-moi les tasses (　　　　) café, s'il te plaît.
コーヒーカップを持って来て.

4) Je dois aller à la banque (　　　　) la matinée.
私は午前中に銀行に行かなければならない.

① à	② avec	③ dans	④ en	⑤ pour	⑥ sauf

8.

1) Le sac qui est là-bas n'est pas (　　　　) moi.
向こうにあるバッグは私のではない.

2) Nous attendons ce voyage (　　　　) plaisir.
私たちはその旅行を楽しみにしています.

3) C'est maintenant la saison des cerisiers (　　　　) fleurs au Japon.
今，日本は，桜の満開時期です.

4) (　　　　) mon enfance, je passais mes vacances ici.
私は，子供時代，ここでバカンスを過ごしていました.

① à	② avec	③ dans	④ en	⑤ parmi	⑥ sur

【解答】 7.　1) ⑤ **pour**　2) ④ **en**　3) ① **à**　4) ③ **dans**
8.　1) ① **à**　2) ② **avec**　3) ④ **en**　4) ③ **dans**

9.

1) (   ) mon portable, je peux prendre de jolies photos.
私は携帯電話できれいな写真を撮れます.

2) Je fais un petit travail 3 fois (   ) semaine.
私は週３回バイトをしています.

3) Nous avons habité en Italie (   ) 2 ans.
私たちはイタリアに２年間住んでいました.

4) Qu'est-ce que tu veux (   ) dessert ?
デザートは何にしますか？

① avec	② comme	③ dans	④ par	⑤ pendant	⑥ sauf

10.

1) Cette étagère fait presque 2 mètres (   ) haut.
この棚は高さがほとんど２メートルあります.

2) Nous sommes (   ) ce nouveau projet.
私たちはこの新しいプロジェクトに反対です.

3) Je vous téléphonerai (   ) mon retour.
家に帰ったらお電話します.

4) Il est parti en voyage (   ) quelques jours.
彼は数日間の予定で旅行に出発しました.

① à	② contre	③ de	④ pour	⑤ sauf	⑥ vers

【解答】 **9.** 1) ① **avec** 2) ④ **par** 3) ⑤ **pendant** 4) ② **comme**
10. 1) ③ **de** 2) ② **contre** 3) ① **à** 4) ④ **pour**

6. 代名詞・不定形容詞・疑問形容詞

1. 目的語人称代名詞

直接目的語	間接目的語
me (m') 私を Paul **me** regarde. ポールが私を見ています.	**me (m')** 私に Paul **me** téléphone. ポールが私に電話しています.
te (t') 君を	**te (t')** 君に
le (l'), la (l') 彼［彼女］を，それを	**lui** 彼［彼女］に
nous 私たちを	**nous** 私たちに
vous あなた（たち）を	**vous** あなた（たち）に
les 彼［彼女］らを	**leur** 彼［彼女］らに

Tu as vu **Pierre** ces jours-ci ?　最近**ピエールに**会いました？
– Oui, je **l'**ai vu hier.　– はい，昨日会いました．
– Non, je ne **l'**ai pas vu.　– いいえ，会っていません．

1) 間接目的語を取る動詞は前置詞 à が必要な動詞です．

Vous parlez **à Pierre** en français ou en japonais ?　あなたは**ピエールに**フランス語で話しますか，それとも日本語で話しますか？
– Je **lui** parle en français.　– 彼にはフランス語で話します．

2) 代名詞は動詞の前に置きます．否定は「代名詞＋動詞（複合時制のときは助動詞）を ne ... pas で挟みます．

Il ne **m'**écoute pas.　彼は私の言うことを聞きません．
Je ne **lui** ai pas téléphoné.　彼には電話しませんでした．

・「準助動詞（vouloir, devoir, pouvoir, aller ...）＋不定詞」の場合は，不定詞の直前に置きます．

Je (ne) veux (pas) **la** rencontrer.　私は彼女に会いたい［会いたくない］．

3) 複合過去・大過去の過去分詞は直接目的語の性・数と一致させます.

J'ai vu **Anne et Sophie**, et je **les** ai invité**es**.
私は**アンヌとソフィーに**会いました. それで彼女たちを招待しました.

2. 強勢形人称代名詞

主語	je	tu	il	elle	nous	vous	ils	elles
強勢形	**moi** 私	**toi** 君	**lui** 彼	**elle** 彼女	**nous** 私たち	**vous** あなた(たち)	**eux** 彼ら	**elles** 彼女たち

1) 前置詞(句)の後	Ce cadeau est **pour toi**. このプレゼントはあなた**への**ものです.
2) 主語や目的語の強調・対立を表す.	**Moi**, je voudrais boire un café. 私は, コーヒーが飲みたい. **Lui**, il est contre. 彼は, 反対です.
3) aussi, non, non plus などの前で, et の後	Elle habite à Kyoto. **Et lui** ? – **Lui aussi**. 彼女は京都に住んでいます. **それで,** 彼は? – 彼**もそう**です. Je n'ai pas faim. **Et toi** ? – **Moi non plus**. 私はお腹はすいていません. あなたは? – 私**もすいていません**.
4) 属詞として ▷ être の後	**C'est lui** qui a fait ce gâteau. このケーキを作ったのは彼**です**.
5) 比較級の que や ne ... que の後	Elles sont **plus** jeunes **qu'eux**. 彼女たちは彼ら**より**若い. Je **n'**aime **que toi**. 私は君**だけを**愛しています.

・「à ＋人」でも次のような動詞の後では間接目的語 lui, leur にならず，**「à ＋強勢形」(à moi, à toi, à lui, ...)** になります．
penser à（～を考える），tenir à（～を大切に思う），faire attention à（～に注意する），s'intéresser à（～に興味を持つ），s'habituer à（～に慣れる）など．その他すべての代名動詞．

Tu penses encore **à ton amie** ? – Oui, je pense encore **à elle**.
あなたはまだ**ガールフレンドのことを**考えているのですか？ – はい，まだ考えています．

3. 中性代名詞

中性代名詞には y, en, le の 3 つがあります．人称代名詞と同じく，動詞の直前に置きます．（肯定命令文を除く．）

☐ 001 **y**	
à [chez, dans, en, sous, sur など] ＋地名・名詞などの代わりに用います．	Ton frère est encore **à l'hôpital** ? – Oui, il va **y** rester encore quelques jours. あなたのお兄さんはまだ**入院して**いるのですか？ – はい，まだ数日はいるでしょう． Tu t'intéresses **à ce tableau** ? – Oui, je m'**y** intéresse. あなたは**この絵に**興味があるのですか？ – はい，あります．
▹ y は人の代わりには用いられません．人の場合は強勢形にします．	Tu t'intéresses **à ce peintre** ? – Oui, je m'intéresse **à lui**. あなたは**この画家に**興味があるのですか？ – はい，あります．
☐ 002 **en**	
1) 不定冠詞複数，部分冠詞，否定の後の de のついた直接目的語に代わります．	Tu bois **du saké** ? – Non, je n'**en** bois pas. **お酒は**飲みますか？ – いいえ，飲みません．

2) 「数・数量副詞 (trop, assez, un peu, beaucoup など＋de＋名詞) のときに，**「de＋名詞」**の代わりに用います．	Tu as **une voiture [un vélo]** ? – Oui, j'**en** ai **une [un]**. **車 [自転車] は**持っていますか？ – はい，**1台**持っています． ▷ J'**en** ai. は「**数台**持っている」です． Tu manges **du fromage** ? – Oui, j'**en** mange **beaucoup**. **チーズは**食べますか？ – はい，**たくさん**食べます．
3) 「動詞・形容詞＋de＋名詞」のとき，**「de＋名詞」**の代わりに用います． ▷「de＋人」の場合は，**「de＋強勢形」**にします．	Il parle **de son travail** ? – Oui, il **en** parle souvent. 彼は**仕事の話を**しますか？ – はい，よく話します． Elle est contente **de son école** ? – Oui, elle **en** est contente. 彼女は**学校に**満足していますか？ – はい，満足しています． Il est satisfait **de sa secrétaire** ? – Oui, il est satisfait **d'elle**. 彼は**秘書に**満足していますか？ – はい，満足しています．
☐ 003 **le** 名詞以外のもの (形容詞，節，不定詞) の繰り返しを避けるために用います．	Tu sais **comment aller chez eux** ? – Oui, je **le** sais. **彼らの家にどう行くか**知っていますか？ – はい，知っています． Vous **êtes espagnoles** ? – Non, nous ne **le** sommes pas toutes. あなたたちは**スペイン人ですか**？ – いいえ，全員がスペイン人ではありません．

4. 所有代名詞

所有されるもの ／ 所有者	男性・単数	女性・単数	男性・複数	女性・複数
je　私のもの	**le mien**	**la mienne**	**les miens**	**les miennes**
tu　君のもの	**le tien**	**la tienne**	**les tiens**	**les tiennes**
il / elle　彼[彼女]のもの	**le sien**	**la sienne**	**les siens**	**les siennes**
nous　私たちのもの	**le nôtre**	**la nôtre**	**les nôtres**	
vous　あなた(たち)のもの	**le vôtre**	**la vôtre**	**les vôtres**	
ils / elles　彼[彼女]らのもの	**le leur**	**la leur**	**les leurs**	

所有代名詞は「〜のもの」という意味ですが，性・数は所有者ではなく，所有されるものの性・数によって決まります．

J'ai oublié **mon dictionnaire**, mais elle m'a prêté **le sien**.
　私は**辞書を**忘れましたが，彼女が自分の（辞書）を貸してくれました．

Ma voiture est en panne. Tu peux me prêter **la tienne** ?
　私の車は故障しています．あなたの（車を）を貸してくれませんか？

5. 指示代名詞

1) 性・数の変化をしないもの

□ 004　**ce**	
a.　être の主語として用います．人にも，ものにも用いられます．	Qui est-**ce** ? – **C'**est mon professeur. 　あの人は誰ですか？ –私の先生です． **C'**est un souvenir pour toi. 　あなたへのおみやげです．

b. 「～するもの・こと」という意味で，関係代名詞の先行詞になります．	Il fait toujours **ce qu'**il veut. 彼はいつも自分がやりたいことをやります． **Ce qui** est important pour moi, c'est de gagner. 私にとって重要なことは，勝つことです．
□ 005 **cela [ça]** **あれ，これ，それ** être 以外の動詞の主語，直接目的語，前置詞の補語として用います． ▹ ça は cela のくだけた言い方．	**Cela [Ça]** ne fait rien. （それは）大したことではありません． Fais comme **cela [ça]**. こんなふうにしなさい．
□ 006 **ceci** **これ** Cela（あれ）と対比して，近くのものを指します．	Prenez **cela**. Je prends **ceci**. そちらをお取り下さい．私はこちらを取ります．

2) 性・数の変化をするもの

	男性	女性
単数	**celui**	**ceux**
複数	**celle**	**celles**

単独では使われません．

a. 指示代名詞＋ de ＋名詞 **～のそれ［人・もの］**	Ses **notes** sont meilleures que **celles** de l'année dernière. 彼［彼女］の**成績は**去年よりよい．
b. 指示代名詞＋関係代名詞 **～の人［もの］**	Quelles **chaussures** vas-tu mettre ce soir ? – **Celles que** j'ai achet**ées** hier. 今晩はどの**靴を**履くのですか？ – 昨日買ったのを履きます．

c.　指示代名詞＋ **ci / là** こちらの人［もの］/ あちらの人［もの］	Je vais prendre ce **parfum** pour ma sœur et **celui-ci** pour moi. 妹にはこの**香水に**して，私にはこれにします． Je trouve que ces **lunettes** sont chères. **Celles-là** sont moins chères. 私はこの**眼鏡は**高いと思います．向こうの（眼鏡）はもっと安いですよ．

6. 関係代名詞

1) 性・数の変化をしない関係代名詞

□ 007　**qui** 関係代名詞節の主語になる人・ものを表します．	Je ne connais pas **les personnes qui sont** là-bas. 私は向こうに**いる人たちを**知りません． Il est à toi, **le livre qui est** sur la table ? テーブルの上の**本は**，あなたの本ですか？
□ 008　**que** 関係代名詞節の直接目的語・属詞になる人・ものを表します．	C'est **un pianiste que j'aime** beaucoup. 彼は**私が**大**好きなピアニスト**です． Ce sont **des photos que j'ai prises** à Paris. これは私がパリで**撮った写真**です．
□ 009　**dont** 「動詞・形容詞・名詞＋ de ＋名詞」のとき**「de ＋名詞」**に代わります．	C'est **une** vieille **histoire** de famille **dont** ma mère m'**a parlé**. それは母が私に**話してくれた**家族の昔の**話**です． C'est **un parc dont** tous les habitants **sont fiers**. それはすべての住民が**誇りに思っている公園**です． J'ai voyagé avec **un ami français dont le père** est un peintre célèbre. 私は**父親が**有名な画家である**フランス人の友人**と一緒に旅行しました．

□ 010 **où**	
a. 関係詞節で場所・時・状態を表す副詞句に代わります.	C'est **l'université où** j'ai fait mes études. それは私が卒業した**大学**です. C'est **l'année où** j'ai fini mes études. それは私が卒業した**年**です.
b. 起源・出発点を表す de をつけて, d'où となるときもあります.	**La région d'où** il vient est connue pour ses vins. 彼の**出身地は**ワインで有名です.
□ 011 前置詞＋ **qui**	
先行詞が人の場合は, avec qui のように, qui を用います. ▷ 前置詞が単独の de (d') のときは dont を使えます.	Ce sont **les amis avec qui** je joue au tennis. 彼らは私のテニス**仲間**です. J'habite **avec une amie dont** la sœur travaille à l'ambassade de France. 私は**友達と一緒に**住んでいますが, 彼女のお姉さんはフランス大使館で働いています.
□ 012 前置詞＋ **quoi**	
先行詞が ce, quelque chose, rien のとき, 前置詞と共に用います. ▷ avoir **de quoi** ＋不定詞 ～するのに必要なものを持っている	C'est **ce à quoi** il ne fait jamais attention. それは彼が決して注意しない**事柄**です. Tu **as de quoi** manger ? 何か食べるものがありますか？

2) 性・数の変化をする関係代名詞

	男性単数	女性単数	男性複数	女性複数
	lequel	**laquelle**	**lesquels**	**lesquelles**
前置詞＋ à	**auquel**	**à laquelle**	**auxquels**	**auxquelles**
前置詞＋ de	**duquel**	**de laquelle**	**desquels**	**desquelles**

・「前置詞＋ lequel, laquelle...」の形で用います.

Je cherche **le sac dans lequel** j'ai mis mes clés.
私は鍵を入れた**バッグを**探しています.

・先行詞が人の場合，普通は qui を用います.

Les amis avec qui je voyage sont italiens.
私が**一緒に**旅行している**友達は**イタリア人です.

・前置詞が à, de の場合は縮約して，à lequel → **auquel**, de lequel → **duquel** のようになります.

C'est **une question à laquelle** je ne peux pas **répondre**.
それは私が答えられない**質問**です.

Connaissez-vous **le musée près duquel** ils travaillent ?
彼らが**近くで**働いている**美術館を**知っていますか？

・duquel は dont と同じように「de ＋名詞」に代わりますが，**en face** de, **près** de, **à côté** de のように，必ず前置詞句の一部と共に用います.「de ＋名詞」だけのときは dont を用います.

7. 疑問代名詞

1) 性・数の変化をしない疑問代名詞

疑問の対象	主語	直接目的語・属詞	間接目的語・状況補語
人	**Qui** **Qui est-ce qui**	**Qui / Que** **Qui est-ce que**	前置詞＋ **qui** 前置詞＋ **qui est-ce que**
もの	**Qu'est-ce qui**	**Que** **Qu'est-ce que**	前置詞＋ **quoi** 前置詞＋ **quoi est-ce que**

人が主語の場合，「誰？」（属詞）と聞くときは qui,「職業など」（属詞）を聞くときは que を用います.

Qui est-il ? – C'est [Il est] mon cousin.
彼は**誰**ですか？ – 私のいとこです.

Qu'est-il devenu ? – Il est devenu pilote.
彼は**どう**なったのですか？ – パイロットになりました.

前置詞＋ qui : **à qui, de qui, pour qui, avec qui** など
前置詞＋ quoi : **à quoi, de quoi** など

a.　主語について質問する場合.	
・人の場合	**Qui** a cassé ce vase ? **Qui est-ce qui** a cassé ce vase ? この花瓶は誰が割ったのですか？
・ものの場合 ▹ ものが主語の場合，人を聞くときの qui に対応する単純形はありません.	**Qu'est-ce qui** est intéressant dans ce manga ? この漫画の何が面白いのですか？
b.　直接目的語・属詞について質問する場合.	
・人の場合	**Qui** aimes-tu comme chanteur ? **Qui est-ce que** tu aimes comme chanteur ? 歌手は誰が好きですか？
・ものの場合	**Que** fais-tu ce soir ? **Qu'est-ce que** tu fais ce soir ? 今夜は何をするのですか？
c.　間接目的語，状況補語について質問する場合. 必ず前に前置詞が置かれます.	
・人の場合	**À qui** parle-t-elle ? 彼女は誰に話しているのですか？ **Avec qui** est-ce que tu déjeunes ? あなたは誰と昼食をとるのですか？
・ものの場合	**À quoi** penses-tu ? 何を考えているのですか？ **De quoi** est-ce que tu parles ? 何の話をしているのですか？

2) 性・数の変化をする疑問代名詞

	単数	複数
男性	**lequel**	**lesquels**
女性	**laquelle**	**lesquelles**

すでに範囲が決まっているものの中で，「誰・どれ？」と聞くときに使います．

Laquelle de ces **cravates** préférez-vous ?　このネクタイの中でどれが好きですか？
– Je préfère celle-ci.　– これが好きです．
Lequel d'**entre vous** peut m'aider ?　**あなた方のうち**，誰が私を手伝ってくれますか？

8. 疑問形容詞

	単数	複数
男性	**quel**	**quels**
女性	**quelle**	**quelles**

同じ名詞のグループの中の「どれか」と聞くときに用います．名詞を直接修飾する場合は名詞の性・数に一致させます．属詞として être と共に用いられる場合は主語の性・数に一致させます．

Quel âge as-tu ?　あなたは何歳ですか？
Quelle musique aimez-vous ?　どんな音楽が好きですか？
Quel est votre numéro de téléphone ?　あなたの電話番号は何番ですか？
Quelles sont vos fleurs préférées ?　あなたの好きな花は何ですか？

9. 不定代名詞・不定形容詞

☐ 013 **chacun(*e*)** **それぞれ** ▷ chacun は形容詞 chaque に対応する代名詞です．**chaque + 名詞「それぞれの～」**．	**Chacune** de mes amies m'a téléphoné ce-jour-là. その日は私の友達がそれぞれ電話をくれました． La mode change **chaque année**. 流行は**毎年**変わります．
☐ 014 **certain(*e*)*s*** **(すべてではないが) いくつか (の)** ▷ tout に対応し，「すべてではなくいくつか (の)」という意味になります．形容詞と代名詞の用法があります．	**Certains spécialistes** ont critiqué cette théorie. 何人かの**専門家**がその理論を批判しました． Parmi les étudiants, **certains** bavardaient. 学生の中には，おしゃべりしている人もいました．
☐ 015 **quelques** **いくつかの** **quelques-uns** 男複 **quelques-unes** 女複 **(多くはないが) いくつか** ▷ quelques は beaucoup に対応するので，気持ちは「少ない」方に向かいます．また代名詞ではなく形容詞なので，名詞なしで単独では用いられません．quelques に対応する代名詞が quelques-un(*e*)s です．	Il m'a dit **quelques mots** avant son départ. 彼は出発前に私にちょっと話してくれました． Parmi mes **étudiants**, il y en avait **quelques-uns** qui étaient absents. 私の**学生**の中には欠席している人も何人かいました． Tu as lu les œuvres de Mishima ? – Oui, j'en ai lu **quelques-unes**. 三島の作品を読んだことがありますか？ – はい，いくつか読んだことがあります．

□ 016 **plusieurs** (1つではなく)いくつか(の) ▷ un に対応して「いくつかの」というので，気持ちは「多い」方に向かいます．形容詞としても代名詞としても用います．	Nous avons habité à Paris pendant **plusieurs années**. 私たちは数**年**間パリに住んでいました． Tu as des **CD des Beatles** ? – Oui, j'**en** ai **plusieurs**. あなたは**ビートルズの CD** を持っていますか？ – はい，何枚か持っています．
・形容詞 □ 017 **tout** 男単, **tous** 男複, **toute** 女単, **toutes** 女複 ～全体, すべての～, ～ごとに	**tout** le groupe　グループ全体 **tous** les groupes　すべてのグループ **toute** la ville　町全体 **toutes** les villes　すべての町 **toutes** les dix minutes　10分ごとに
・代名詞 □ 018 **tout** 男単 すべてのもの	**Tout** va bien.　すべてうまくいっています． C'est **tout** pour aujourd'hui. 今日はこれで終わりです．
□ 019 **tous** 男複, **toutes** 女複 すべての人[もの] ▷ 複合時制では avoir と過去分詞の間に置き，不定詞の目的語のときは不定詞の前に置きます．	Nous sommes **tous [toutes] fatigué(e)s**. 私たちはみんな**疲れて**います． Il **a tout préparé** pour le dîner. 彼は夕食の**準備を**すべて**しました**． Je peux **tout manger** ? 全部**食べて**いいですか？
□ 020 **le [la] même, les mêmes** 同じ人[もの]	Le problème est **le même** dans tous les pays. 問題はどの国でも同じです． Elle est toujours **la même**. 彼女は相変わらずです．

□ 021 **un(e)** ～のうちの１人・1つ ▹ **« un(e) de ... »** の形で用いられます．不定冠詞の un ではなく，数字の１です．	Camus est **un de** mes **écrivains** préférés. カミュは私の好きな**作家**の１人です． La glace à la vanille est **une de** mes **glaces** préférées. バニラアイスクリームは私の好きな**アイスクリーム**の１つです． Je te téléphone **un de** ces **jours**. 近いうちに電話します．
□ 022 **l'un(e)** 一方（の人［もの］） □ 023 **l'autre** 他方（の人［もの］）	Tu as lu ces **deux livres** ? – Oui, **l'un** était intéressant, mais **l'autre** était difficile pour moi. この**2冊の本**は読みましたか？ – はい，1冊は面白かったけど，もう1冊の方は私には難しかった．
□ 024 **un(e) autre** 別な人［もの］， もう１人［1つ］	Heureusement, il y a **un autre train** dans une heure. 幸い，１時間後にもう１本**電車**があります． La **machine à laver** ne marche plus. Je dois **en** acheter **une autre**. この**洗濯機**はもう動かない．別のを買わなければなりません．
□ 025 **d'autres** （複数の）別な人［もの］	J'ai lu tous ces **romans**. Tu **en** as **d'autres** ? 私はこの**小説**は全部読みました．他に持っていますか？
□ 026 **les autres** すべての他人，他のすべてのもの	**Les autres** ne veulent pas venir. 他の人たちは来たがりません．
□ 027 **autre chose** 別のもの ▹ 冠詞はつきません．	Moi, je n'ai pas envie de manger du poisson. Je vais prendre **autre chose**. 私は魚は食べたくない．何か別のものをとります．

☐ 028 **quelqu'un** 誰か ☐ 029 **ne ... personne / personne ... ne** 誰も～ない	Tu connais **quelqu'un** à Paris ?. – Non, je **ne** connais **personne**. あなたはパリに誰か知り合いがいますか？ – いいえ，誰もいません． **Quelqu'un** m'a téléphoné ? – Non, **personne ne** t'a téléphoné. 誰か私に電話してきましたか？ – いいえ，誰も電話してきませんでした．
☐ 030 **quelque chose** 何か ☐ 031 **ne ... rien / rien ... ne** 何も～ない ▹ 複合時制では avoir と過去分詞の間，準助動詞(pouvoir, devoir など)＋不定詞のときは不定詞の前に置きます．	Tu veux boire **quelque chose** ? – Non merci, je **ne** veux **rien**. 何か飲みたいですか？ – いいえ，結構です，何も要りません． **Rien n'**est parfait.　完璧なものは何もありません． Je **n'**ai **rien acheté**. 私は何も**買いま**せんでした． Je **ne** veux **rien acheter**. 私は何も**買い**たくありません．
☐ (164) ▲形容詞 **ne ... aucun(e)**（＋名詞） いかなる～もない ☐ (164) ▲形容詞 **aucun(e) ... ne**（＋名詞） いかなる～もない ▹ 形容詞としても代名詞としても用います．	Il **n'**a **aucun talent**. 彼はいかなる**才能**もありません． **Aucun** de mes **amis n'**est marié. 私の**友人は**誰も結婚していません．
☐ 032 **quelque part** どこか ☐ 033 **ne ... nulle part** どこにも～ない	Tu vas **quelque part** ce week-end ? – Non, je **ne** vais **nulle part**. あなたは今週末どこかに行きますか？ – いいえ，どこにも行きません．

練習問題

次の対話1)～5)の(　　)内に入れるのに最も適切なものを, 下の①～⑦の中から1つ選んで下さい. ただし, 同じものを複数回用いることはできません. なお, ①～⑦では, 文頭に来るものも小文字にしてあります.

1.

1) C'était comment, le restaurant d'hier ?
昨日のレストランはどうでした？
– C'était un peu cher mais (　　　　) était très bon.
ちょっと高かったけど, すべておいしかった.

2) J'hésite entre ces deux sacs.　この2つのバッグの間で迷っています.
– (　　　　) des deux préfères-tu ?　2つのうち, どちらが好きですか？

3) Tu connais les étudiants qui sont là-bas ?
向こうにいる学生たちを知っていますか？
– J'en connais (　　　　).
何人かは知っています.

4) Madame, quel gâteau voulez-vous ?　マダム, どのケーキになさいますか？
– (　　　　) qui est à gauche.　左のほうのケーキを下さい.

5) Regarde les gants que j'ai achetés hier.
昨日私が買った手袋を見てみて.
– Comme ils sont jolis ! Je voudrais (　　　　).
とてもきれいですね！私も同じのが欲しい.

① autres	② celui	③ certains	④ lequel
⑤ les mêmes	⑥ lesquels	⑦ tout	

【解答】 **1.** 1) ⑦ **tout**　2) ④ **lequel**　3) ③ **certains**　4) ② **celui**
5) ⑤ **les mêmes**

2.

1) Tu as retrouvé tes amies à l'aéroport ?
空港で友達に会えましたか？
– Oui, mais (　　　　) d'entre elles n'était à l'heure.
はい，でも彼女たちの誰も時間通りには来ませんでした.

2) Pierre ne m'a pas téléphoné depuis deux semaines.
２週間前からピエールから電話がありません.
– Ah bon, il lui est peut-être arrivé (　　　　) ?
ああ，そうなの，ひょっとしたら彼に何か起こったのじゃない？

3) Tu sais que Claire est partie pour une semaine en Angleterre ?
クレールが１週間の予定でイギリスに出発したことを知っていますか？
– Ah non, je ne (　　　　) savais pas.
いいえ，知りませんでした.

4) Tu penses qu'il viendra au ski avec nous ?
彼は私たちと一緒にスキーに来ると思いますか？
– Oui, j'(　　　　) suis sûre.
はい，きっと来ますよ.

5) Tu veux qu'on t'aide à faire la cuisine ?
料理の手伝いをしてほしいですか？
– Non, je n'ai besoin de (　　　　).
いや，誰も要りません.

① aucune　② en　③ le　④ personne
⑤ plusieurs　⑥ quelqu'un　⑦ quelque chose

【解答】 **2.** 1) ① **aucune**　2) ⑦ **quelque chose**　3) ③ **le**　4) ② **en**
5) ④ **personne**

3.

1) Vos parents doivent être fiers de vous.
あなたのご両親はきっとあなたがご自慢でしょうね.
– Non, ils ne (　　　　) sont pas.
いいえ，自慢していません.

2) Tu as entendu le gros bruit tout à l'heure ?
ついさっき，大きな物音が聞こえました？
– Oui, mais je ne sais pas (　　　　) qui s'est passé.
はい，でも何が起こったのか分かりません.

3) Tu vas à la soirée d'anniversaire de Paul, samedi ?
土曜日のポールの誕生パーティーに行きますか？
– Non, je n'ai (　　　　) intention d'y aller.
いいえ，全く行くつもりはありません.

4) Tu ne trouves pas ma maison petite ?
私の家は小さいと思いませんか？
– Oh non ! (　　　　) est bien plus petite.
いや，私の家の方がもっと小さいですよ.

5) Comment est ta nouvelle collègue ?
あなたの新しい同僚はどうですか？
– C'est (　　　　) de très sympathique.
とても感じのよい人です.

① aucune	② ce	③ le	④ les
⑤ personne	⑥ quelqu'un	⑦ la mienne	

【解答】 **3.** 1) ③ **le** 2) ② **ce** 3) ① **aucune** 4) ⑦ **la mienne** 5) ⑥ **quelqu'un**

4.

1) Ma voiture tombe souvent en panne.
私の車はよく故障します.
– Tu devrais en acheter ( ).
他の車を買うべきですよ.

2) Avec qui tu as rendez-vous ce soir ?
今夜，誰と会うのですか？
– Avec des étudiants ( ) j'ai enseigné le français il y a 2 ans.
２年前にフランス語を教えた学生たちです.

3) Tous vos collègues étaient pour ce nouveau projet ?
あなたの同僚は全員この新しいプロジェクトに賛成だったのですか？
– Non, certains d'entre ( ) étaient contre.
いいえ，彼らのうちの何人かは反対でした.

4) Tu as vu ce nouveau film ?
この新しい映画を見ましたか？
– Non, mais nous allons ( ) voir ce soir.
いいえ，私たちは今夜見に行くつもりです.

5) Vous connaissez monsieur Dupont ?
あなたはデュポンさんを知っていますか？
– Oui, c'est ( ) de nos meilleurs clients.
はい，彼は私たちの最良のお客さんの１人です.

① à qui　② desquels　③ en　④ eux
⑤ le　⑥ un　⑦ une autre

【解答】 **4.** 1) ⑦ **une autre**　2) ① **à qui**　3) ④ **eux**　4) ⑤ **le**
5) ⑥ **un**

5.

1) Tu as mangé tous les chocolats ?
チョコレートは全部食べてしまったの？
– Mais non, je t'en ai laissé bien sûr (　　　　).
いいえ，もちろんあなたにいくつか残しています．

2) Pourquoi tu veux le voir tout de suite ?
なぜ彼にすぐに会いたいの？
– Parce que j'ai quelque chose d'urgent à (　　　　) demander.
彼に緊急に頼みたいことがあるから．

3) Qu'est-ce que tu voudrais faire ce week-end ?
この週末は何がしたいですか？
– Je voudrais bien aller me promener (　　　　).
どこかへ散歩に行きたいのですが．

4) Quand dois-je prendre ce médicament ?
この薬はいつ飲まなければならないのですか？
– Vous devez le prendre (　　　　) les quatre heures.
４時間おきに飲まなければなりません．

5) Tu as encore des cours cet après-midi ?
今日の午後まだ授業があるのですか？
– Oui, j'en ai deux (　　　　).
はい，まだ他に２つあります．

① autres	② chaque	③ le	④ lui
⑤ quelque part	⑥ quelques-uns	⑦ toutes	

【解答】 5.　1) ⑥ quelques-uns　2) ④ lui　3) ⑤ quelque part
4) ⑦ toutes　5) ① autres

6.

1) Tu as trouvé tes clés ?
鍵は見つかりましたか？
– Non, je ne me souviens plus (　　　　) je les ai mises.
いや，どこに置いたのかもう思い出せません.

2) Où est le chat ?
猫はどこ？
– Je ne sais pas. Je l'ai cherché partout mais il n'est (　　　　).
知りません．あちこち探したけど，どこにもいません.

3) Vous parlez de quel voisin ?
お隣のどの人の話をしているのですか？
– Nous parlons de (　　　　) dont le fils travaille à la boulangerie.
息子がパン屋で働いているお隣の人のことを話しているのです.

4) Je ne me sens pas très bien récemment.
最近あまり調子がよくありません.
– Si tu veux, je connais un bon médecin chez (　　　　) tu pourrais aller.
私はよい医者を知っているから，もしよければ，彼のところに行ってはどうですか.

5) Tu as lu le journal aujourd'hui ?
今日新聞を読みましたか？
– Oui, mais il n'y avait (　　　　) d'intéressant.
はい，でも何も面白いことはありませんでした.

| ① celui | ② nulle part | ③ où | ④ personne |
| ⑤ quelque part | ⑥ qui | ⑦ rien | |

【解答】 6.　1) ③ où　2) ② nulle part　3) ① celui　4) ⑥ qui
5) ⑦ rien

7.

1) Tu as réservé un restaurant pour mercredi prochain ?
次の水曜日のためのレストランは予約しましたか？
– Non, pas encore. En fait, le restaurant (   ) je pensais est fermé ce jour-là.
いや，まだなのです．実は，私が考えていたレストランはその日休みなのです．

2) Il y a encore des places pour ce film ?
この映画の席はまだありますか？
– Oui, il en reste encore (   ).
はい，まだ何席か残っています．

3) Vous avez fini vos devoirs ?
宿題を終えましたか？
– Non, il nous (   ) reste encore un.
いいえ，まだ１つ残っています．

4) C'est moi qui vous invite ce soir.
今夜は私がおごります．
– Mais non, (   ) paie sa part.
とんでもない，各自自分の分は払いますよ．

5) À midi, on va manger où ?
お昼は，どこで食べようか？
– Dans le petit restaurant près (   ) Marie travaille.
マリーが働いているところの近くの小さなレストランで．

① auquel	② autres	③ chacun	④ duquel
⑤ en	⑥ où	⑦ quelques-unes	

【解答】 7. 1) ① **auquel** 2) ⑦ **quelques-unes** 3) ⑤ **en** 4) ③ **chacun** 5) ④ **duquel**

8.

1) Tu écris souvent à tes grands-parents ?
あなたはおじいさん，おばあさんによく手紙を書きますか？
– Non, je ne (　　　　) écris pas souvent mais je vais les voir.
いいえ，手紙は頻繁には書きませんが，会いに行きます．

2) Tes amies parlent anglais ?
あなたの友達は英語を話しますか？
– Oui, elles (　　　　) parlent toutes très bien.
はい，彼女たちは全員英語が上手です．

3) Tu connais cet écrivain ?
この作家を知っていますか？
– Oui, j'ai lu (　　　　) de ses livres qui étaient intéressants.
はい，彼の本を何冊か読みましたが，面白かった．

4) Vous voudriez un plus grand appartement ?
あなたたちはもっと広いマンションが欲しいですか？
– Oh oui ! C'est ce (　　　　) nous rêvons.
もちろん！それは私たちが夢見ているものです．

5) Vous avez répondu à cette lettre ?
その手紙には返事をしましたか？
– Non, pas encore mais je vais (　　　　) répondre tout de suite.
いいえ，まだですが，すぐに返事をします．

① dont　② en　③ le　④ leur
⑤ plusieurs　⑥ que　⑦ y

【解答】 8.　1) ④ leur　2) ③ le　3) ⑤ plusieurs　4) ① dont
5) ⑦ y

9.

1) Ils ont des enfants ?
彼らは子供がいますか？
– Oui, ils ont trois filles mais elles sont (　　　　) mariées.
はい，女の子が３人いますが，みんな結婚しています.

2) Tu as téléphoné récemment à tes parents ?
あなたは最近ご両親に電話しましたか？
– Oui, je (　　　　) ai téléphoné hier.
はい，昨日電話しました.

3) On déjeune ensemble vers 13 heures ?
午後１時頃一緒に昼食はどうですか？
– Impossible. C'est l'heure à (　　　　) je dois revenir au bureau.
無理です．その時間には会社に戻っていなければいけないので.

4) Tu as cet ancien appareil !
こんな古い器械を持っているの！
– Oui, je me demande à (　　　　) il servait ?
そうなんだ，何に使っていたのだろうね？

5) Vous semblez avoir beaucoup de travail en ce moment !
今，仕事がたくさんあるみたいですね！
– Oui, en effet, (　　　　) de nos collègues est absente.
そうなんです，実は，同僚の１人が休んでいるので.

① laquelle　② leur　③ plusieurs　④ que
⑤ quoi　⑥ toutes　⑦ une

【解答】 9.　1) ⑥ toutes　2) ② leur　3) ① laquelle　4) ⑤ quoi
5) ⑦ une

3

個人面接（2次試験）の学習のポイント

2 次試験（個人面接）の対策

よく出される質問と解答例

1.　時刻，天気，季節の言い方

2.　時間・時の言い方

3.　人について

4.　その他の表現

個人面接（2次試験）の対策

準2級筆記試験（1次試験）に合格した人は，口頭試験（2次試験）を受けることになります．口頭試験は，1人の面接委員による個人面接方式で行われます．試験は比較的簡単で，時間は約5分位です．入室すると，面接委員から，日常的な事柄について述べている短いテキスト（35字程度）と，それに関連したイラストを渡されます．ただし，テキストの中の情報がすべてイラストの中に表されているとは限りません．

受験者は，まず，1分間で，テキストを黙読し，イラストを見ます．次に，面接委員から，テキストを音読するように指示があります．音読する場合は，個々の単語の発音はもちろんですが，イントネーション，リズム，リエゾン，エリジオン，アンシェヌマン，コンマや終止符の後の区切りにも注意が必要です．

音読の後，面接委員は5つの質問をします．だいたい，最初の2つの質問は，テキストに関するもので，答えはテキストの中にあります．残り3つはイラストに関するものです．したがって，質問の意味をよく理解するためには，テキストの意味をおおよそ理解していること，特に文の主語と動詞は何であったかを理解しておくことが必要です．答えるときには，問題カードを見てもかまいません．

最後に，答える場合には，冠詞，名詞の性，形容詞，単数か複数か，などによく注意することが必要です．もし可能なら，繰り返しを避けるために，代名詞を使って下さい．また，動詞の時制にも注意して下さい．テキストでよく使われる時制は，現在形，複合過去形，近接未来形，近接過去形，条件法，ジェロンディフです．半過去形（特に avoir の半過去形）も時々見られます．

試験の配点は，音読が10点，5つの質問が各問4点で計20点，総計30点です．

よく出される質問と解答例

1. 時刻，天気，季節の言い方

🎧100

☐ **何時ですか？**	**Quelle heure est-il ?**
☐ –（朝の / 夕方の）6時です.	– Il est six heures (du matin / du soir).
☐ – 18時です.	– Il est dix-huit heures.
☐ –（ちょうど）1時です.	– Il est une heure (juste).
☐ – 5時15分です.	– Il est cinq heures quinze [et quart].
☐ – 8時30分［半］です.	– Il est huit heures trente [et demie].
☐ – 10時15分前です.	– Il est dix heures moins le quart.
☐ – 正午［午前0時］です.	– Il est midi [minuit].
☐ **どんな天気ですか？**	**Quel temps fait-il ?**
☐ – 快晴です.	– Il fait beau (temps).
☐ – 日が照っています.	– Il y a du soleil.
☐ – 雲があります. / 曇りです.	– Il y a des nuages. / Le temps est nuageux.
☐ – 風があります.	– Il y a [Il fait] du vent.
☐ – 雨が降っています.	– Il pleut.
☐ – 雪が降っています.	– Il neige.
☐ – 天気が悪い.	– Il fait mauvais (temps).
☐ – 暑い（そして湿気が多い）.	– Il fait chaud (et humide).
☐ – 寒い.	– Il fait froid.
☐ **日本では，冬にたくさん雪が降るのはどこですか？**	**Au Japon, où est-ce qu'il neige beaucoup en hiver ?**
☐ – **日本の北部では**たくさん雪が降ります.	– Il neige beaucoup **dans le nord du Japon**.
☐ **季節はいつですか？**	**En quelle saison est-ce ?**
☐ – **春［夏 / 秋 / 冬］**です.	– C'est **au printemps [en été / en automne / en hiver]**.

復習のための語彙：３級で学習した語彙ですが，口頭試験で必要になることが多いので，覚えているかどうか試験の前にもう一度確認して下さい．

□ 朝に	**le matin**	□ 午後に	**l'après-midi**
□ 夕方に，夜に（寝る前）	**le soir**	□ 夜に	**la nuit**
□ 昨日	**hier**	□ 今日	**aujourd'hui**
□ 日中に	**dans la journée**	□ 午前中に	**dans la matinée**
□ 午後に	**dans l'après-midi**	□ 夕方に，夜に（寝る前）	**dans la soirée**

2. 時間・時の言い方

101

□ **駅まで歩いてどれくらいかかりますか？** □ –**20分**くらいかかります．	**Combien de temps faut-il pour aller jusqu'à la gare à pied ?** – Il faut environ **vingt minutes**.
□ **どれくらい前から［いつから］彼はパリに住んでいるのですか？** □ –彼は**2年前から**パリに住んでいます． □ –彼は**2年前からそこに**住んでいます．	**Depuis combien de temps [Depuis quand] habite-t-il à Paris ?** – Il habite à Paris **depuis deux ans**. – Il **y** habite **depuis deux ans**.
□ **彼はいつまでパリにいるのですか？** □ –彼は **4月まで**パリにいます． □ –彼は**4月までそこに**います．	**Jusqu'à quand est-il à Paris ?** – Il est à Paris **jusqu'en avril**. – Il **y** est **jusqu'en avril**.
□ **彼はフランスにどれくらい行っていたのですか？** □ – 彼はフランスに**1週間**行っていました． □ –彼は**そこに1週間**行っていました．	**Pendant combien de temps est-il allé en France ?** – Il est allé en France **pendant une semaine**. – Il **y** est allé **pendant une semaine**.
□ **いつピエールは駅の近くにパン屋を開いたのですか？** □ –**1年前に**，ピエール［彼］は駅の近くにパン屋を開きました．	**Quand Pierre a-t-il ouvert une boulangerie près de la gare ?** – Pierre [il] a ouvert une boulangerie près de la gare, **il y a un an**.

3. 人について

🎧102

□ **何人いますか？**	**Combien de personnes y a t-il ?**
□ – **5人**［男性2人，女性2人と子供1人が］います．	– Il y a **cinq personnes** [deux hommes, deux femmes et un [une] enfant].
□ – **5人**います．	– Il y **en** a **cinq**.
□ – **3人**［男性1人，女性1人と赤ちゃんが］います．	– Il y a **trois personnes** [un monsieur, une dame et un bébé].
□ – **3人**います．	– Il y **en** a **trois**.
□ – **たくさんの人**がいます．	– Il y a **beaucoup de monde [gens / personnes]**.
□ **子供は何人いますか？**	**Combien d'enfants y a-t-il ?**
□ – **3人**［小さな女の子2人と小さな男の子1人が］います．	– Il y a **trois enfants** [deux petites filles et un petit garçon].
□ – **3人**います．	– Il y **en** a **trois**.
□ **右側の男性［女性 / 老人 / 小さな女の子 / 小さな男の子］は何をしていますか？**	**Que fait le monsieur [la dame / la personne âgée / la petite fille / le petit garçon] à droite ?**
□ – 彼［彼女］は**音楽を聴いています**．	– Il [Elle] **écoute de la musique**.
□ – 彼［彼女］は**楽器［ピアノ / ギター］を演奏しています**．	– Il [Elle] **joue d'un instrument de musique [du piano / de la guitare]**.
□ **左側に女性がいます．彼女は何をしていますか？**	**Il y a une dame à gauche. Qu'est-ce qu'elle fait ?**
□ – 彼女は**寝ています**．	– Elle **dort**.
□ – 彼女は**本を読んでいます**．	– Elle **lit un livre**.
□ – 彼女は**何かを食べています**．	– Elle **mange quelque chose**.

□ **ステージの上の男性は何を弾いていますか？** □ – **ピアノを**弾いています．	**L'homme sur la scène, il joue de quoi ?** – Il joue **du piano**.
□ **右側の女性は，手に［腕に］何を持っていますか？** □ – 彼女は（手に）**新聞**［雑誌 / 本 / ペン / お皿 / バゲット］**を**持っています． □ – 彼女は**赤ちゃんを**腕に抱いています．	**La femme à droite, qu'est-ce qu'elle a à la main [dans les bras] ?** – Elle a **un journal** [une revue / un livre / un stylo / une assiette / une baguette] (à la main). – Elle a **un bébé** dans les bras.
□ **彼［彼女］は何をかぶっていますか［背負っていますか］？** □ – 彼［彼女］は（頭に）**帽子を**かぶっています． □ – 彼［彼女］は（背中に）**リュックを**背負っています．	**Qu'est-ce qu'il [elle] porte sur la tête [sur le dos] ?** – Il [Elle] porte **un chapeau** (sur la tête). – Il [Elle] porte **un sac à dos**.
□ **ルイーズの夫は何という名前ですか？** □ – **ピエールと**言います． □ **彼の名前は何ですか？** □ – 彼の名前は**ピエール**です． □ **ピエールの名字は何と言いますか？** □ – 彼の名字は**デュポン**です． □ – 彼は**デュポンと**言います	**Le mari de Louise, comment s'appelle–t-il ?** – Il s'appelle **Pierre**. **Quel est son prénom ?** – Son prénom est [C'est] **Pierre**. **Quel est le nom de famille de Pierre ?** – Son nom de famille est [C'est] **Dupont**. – Il s'appelle **Dupont**.

□ **彼［彼女］は何歳ですか？** □ – 彼［彼女］は**21歳**です．	**Quel âge a–t-il [a–t-elle] ?** – Il [Elle] a **vingt et un ans**.
□ **彼［彼女］はどこに住んでいますか？** □ – 彼［彼女］は**ニースに**住んでいます．	**Où habite t-il [elle] ?** – Il [Elle] habite **à Nice**.
□ **普通，フランス人はどこにバカンスに行きますか？** □ – 普通，彼らは**海岸に**バカンスに行きます．	**En général, où est-ce que les Français partent en vacances ?** – En général, ils partent en vacances **au bord de la mer**.
□ **彼［彼女］のマンションは何階ですか？** □ – **6階**です．	**Son appartement est [se trouve] à quel étage ?** – Il est [se trouve] **au cinquième étage**.
□ **彼［彼女］が日曜日によく行くのは誰の家ですか？** □ – 彼［彼女］は日曜日にはよく**祖父母の家に**行きます．	**Chez qui va t-il [elle] souvent le dimanche ?** – Il [Elle] va souvent **chez ses grands-parents** le dimanche.
□ **なぜ何人もの人たちがこのパン屋の前に並んでいるのですか？** □ – **ここのパンがとてもおいしいから**並んでいるのですよ． □ **ピエールはなぜ海に行くのが好きなのですか？** □ – 彼が**そこに**行くのが好きなのは，**泳ぐため**です．	**Pourquoi les gens font(-ils) la queue devant cette boulangerie ?** – Les gens [Ils] font la queue **parce que le pain est très bon**. **Pourquoi Pierre aime(-t-il) aller à la mer ?** – Il aime **y** aller **pour nager**.

復習のための語彙

・名詞

☐ 小学生	un écolie*r* [une écoliè*re*]		
☐ 中学生	un collégien [une collégien*ne*]		
☐ 高校生	un lycéen [une lycéen*ne*]		
☐ 夫	le mari	☐ 妻	la femme
☐ 娘	la fille	☐ 息子	le fils
☐ 両親	les parents	☐ 祖父母	les grands-parents
☐ 父	le père	☐ 母	la mère
☐ 兄・弟	un frère	☐ 姉・妹	une sœur
☐ いとこ	un [une] cousin(e)	☐ 友達	un [une] ami(e)
☐ 同僚	un [une] collègue	☐ 従業員	un [une] employé(*e*)

・動詞

☐ 〜を買う	acheter	☐ 〜が好きだ	aimer
☐ 行く	aller	☐ 到着する	arriver
☐ 〜を待つ	attendre	☐ 〜を飲む	boire
☐ 歌う	chanter	☐ 〜を選ぶ	choisir
☐ 〜を始める・始まる	commencer	☐ 踊る	danser
☐ 〜を発見する	découvrir	☐ 〜になる	devenir
☐ 〜である	être	☐ 〜が必要である	falloir
☐ 〜を閉める	fermer	☐ 住む	habiter
☐ 〜を食べる	manger	☐ 泳ぐ	nager
☐ 〜を開ける	ouvrir	☐ 出発する	partir
☐ 〜を過ごす	passer	☐ 〜を取る	prendre
☐ 〜を見る	regarder	☐ 〜と出会う	rencontrer
☐ 寝る	se coucher	☐ 服を着る	s'habiller
☐ 起きる	se lever	☐ 散歩する	se promener
☐ 休息する	se reposer	☐ 〜を見つける	trouver
☐ 〜(に)ある[いる]	se trouver	☐ 働く	travailler

□ ～を利用する	utiliser	□ ～を売る	vendre
□ (～から)来る	venir (de ...)	□ ～を訪れる	visiter
□ ～を見る	voir	□ 旅行する	voyager
□ 遊ぶ・(スポーツ・ゲーム)をする・演奏する	jouer		

・動詞＋名詞・不定詞・その他

□ (風景)に見とれる	admirer (le paysage)
□ ～な様子をしている	avoir l'air ＋形容詞
□ 起こる・行われる	avoir lieu
□ ～が痛い	avoir mal à ...
□ ～することを決心する	décider de ＋不定詞
□ 電車から降りる	descendre du train
□ ～しなければならない	devoir ＋不定詞
□ 座っている	être assis(e)
□ 立っている	être debout
□ 買い物をする	faire des courses
□ サイクリング[スポーツ]をする	faire du vélo [du sport]
□ 料理をする	faire la cuisine
□ 終わる(～をし終える)	finir (de ＋不定詞)
□ 旅行[バカンス]に出かける	partir en voyage [en vacances]
□ 眼鏡をかけている	porter des lunettes
□ ～することができる	pouvoir ＋不定詞
□ 写真を撮る	prendre des photos
□ 電車に乗る	prendre le train
□ 風呂に入る[シャワーを浴びる]	prendre un bain [une douche]
□ 一杯飲む	prendre un verre
□ 食事[昼食 / 夕食]を作る	préparer le repas [le déjeuner / le dîner]
□ 歯をみがく	se brosser les dents
□ 手を洗う	se laver les mains
□ ～したい	vouloir ＋不定詞

4.　その他の表現

🎧103

□ **テーブルの上に何がありますか？**	**Qu'est-ce qu'il y a sur la table ?**
□ – テーブルの上には，**花［本］**があります.	– Il y a **des fleurs [des livres]** sur la table.
□ **左の男性の横に何がありますか？**	**Qu'est-ce qu'il y a à côté du monsieur à gauche ?**
□ – **自転車**があります.	– Il y a **un vélo [une bicyclette]**.
□ **車の後ろに何がいますか？**	**Qu'est-ce qu'il y a derrière la voiture ?**
□ **木の下に何がいますか？**	**Qu'est-ce qu'il y a sous l'arbre ?**
□ – **猫**がいます.	– Il y a **un chat**.
□ **瓶［グラス / 木 / 窓］はいくつありますか？**	**Combien de bouteilles [de verres / d'arbres / de fenêtres] y a-t-il ?**
□ – **瓶が５本［グラスが５個 / 木が５本 / 窓が５つ］**あります.	– Il y a **cinq bouteilles [verres / arbres / fenêtres]**.
□ – **５本**あります.	– Il y **en** a **5**.

復習のための語彙

・疑問詞など

何が聞かれているか，質問を正しく理解するためには，文頭に来る疑問詞［疑問副詞・疑問代名詞・疑問形容詞］を知っていることが大切です.

疑問副詞：

□ いくつ，いくら	**combien**	□ 何人の，いくつの	**combien de [d']** ＋名詞
□ どこ	**où**	□ いつ	**quand**
□ なぜ	**pourquoi**	□ どのような［に］	**comment**

（疑問代名詞は p.193，疑問形容詞は p.195 を参照して下さい.）

・名詞

□ 猫	un chat	□ 犬	un chien
□ 鳥	un oiseau [des oiseaux]	□ 魚	un poisson
□ 椅子	une chaise	□ 棚	une étagère
□ 窓	une fenêtre	□ ベッド	un lit
□ 机	une table	□ 絵	un tableau
□ テレビ	une télé(vision)		
□ 皿	une assiette	□ 瓶	une bouteille
□ ナイフ	un couteau	□ スプーン	une cuillère
□ フォーク	une fourchette	□ カップ	une tasse
□ 花瓶	un vase	□ グラス	un verre
□ ノート	un cahier	□ 帽子	un chapeau
□ 鍵	une clé	□ 新聞	un journal
□ 着物	un kimono	□ 本	un livre
□ 眼鏡	des lunettes	□ 雑誌	un magazine / une revue
□ 腕時計	une montre	□ コンピュータ	un ordinateur
□ 傘	un parapluie	□ バッグ	un sac
□ ペン	un stylo	□ 携帯電話	un (téléphone) portable
□ 果物	un fruit	(□ りんご	une pomme)
□ ケーキ	un gâteau		
□ 城	un château	□ 教会	une église
□ 花	une fleur	□ 建物	un immeuble
□ 庭	un jardin	□ 家	une maison
□ 地区	un quartier	□ 木	un arbre
□ 森	une forêt	□ 海	la mer
□ 山	la montagne	□ 海岸	la plage
□ 町	une ville	(□ 地方都市	une ville de province)
□ 村	un village	□ 地域	une région
□ 飛行機	un avion	□ 船	un bateau
□ 電車	un train	□ 自転車	un vélo (= une bicyclette)
□ 車	une voiture		

・前置詞（より詳細なリストは p.165 〜 p.179 を参照して下さい.）

□ 〜の中に	dans		
□ 前に	devant	□ 後ろに	derrière
□ 下に	sous	□ 上に	sur
□ 〜の間に	pendant		
□ 〜の傍に・〜の横に	à côté de	□ 〜の近くに	près de
□ (〜の) 左に	à gauche (de)	□ (〜の) 右に	à droite (de)
□ 〜のほとりに	au bord de	□ (〜の) 真ん中に	au milieu (de)
□ 〜の上に	au-dessus de	□ 〜の下に	au-dessous de
□ 〜の正面に	en face de		

・副詞

□ このように	ainsi	□ 昔は	autrefois
□ 同じくらい, 〜もまた	aussi	□ たくさん	beaucoup
□ さらに	de plus	□ 時々	de temps en temps
□ 時々	quelquefois / parfois		
□ 来月 [先月]	le mois prochain [dernier]		
□ 普通	en général / généralement		
□ この頃	en ce moment	□ 今	maintenant
□ 昨日	hier	□ たいていの場合	le plus souvent
□ 例えば	par exemple	□ 偶然	par hasard
□ 至るところに	partout	□ ただ〜だけ	seulement
□ たびたび	souvent	□ すぐに	tout de suite

4

索引

品詞別基本語彙・基本熟語

「品詞別基本語彙・基本熟語」見出し語索引

- 太字になっている単語と熟語，表現は，「2　品詞別基本語彙・基本熟語」に掲載されている見出し語（句）です．細字のものは関連語などとして載っている単語や熟語です．
- 太字の右にある数字は，見出し語（句）として掲載されているページ数です．
- 動詞，前置詞などに続く要素は “...”，不定詞のみの場合は “inf.”，過去分詞のみは “p.p.” としました．

T

著者紹介

マリ・ガボリオ　(Marie Gaboriaud)

フランス国立東洋言語文化学院 (INALCO) 日本語学科修士課程修了.
フランス国立社会科学高等研究院 (EHESS) 現代日本研究センター D.E.A. 取得.
東北大学教育学部博士後期課程 (単位取得退学).
慶應義塾大学名誉教授. 専門はフランス語教授法, 地域研究 (日本農村社会等).
NHKラジオフランス語講座入門編の講師を務める.

主要著書

『フランス語 第四部』(共著：慶應義塾大学出版会)
『グラメール・オ・コティディアン』(共著：第三書房)
『新版 仏検合格 熟語＋単語 3級』(共著：三修社)

小石　悟　(こいし　さとる)

東京大学卒. 東京外語大学大学院修士課程修了.
獨協大学名誉教授. 専門はフランス語教授法, フランス語学.

主要著書

『コレクション・フランス語 入門・初級』(共著：白水社)
『J'aime ! I・II』(共著：東京日仏学院)
『グラメール・オ・コティディアン』(共著：第三書房)
『マルシェオピュス』(共著：白水社), 『フランス語学の諸問題 I・II』(共著：三修社)
『新版 仏検合格 熟語＋単語 3級』(共著：三修社)

●音声ダウンロード・ストリーミング

1. PC・スマートフォンで本書の音声ページにアクセスします。

https://www.sanshusha.co.jp/np/onsei/isbn/9784384060645/

2. シリアルコード「06064」を入力.

3. 音声ダウンロード・ストリーミングをご利用いただけます。

新版《しんぱん》 仏検合格《ふつけんごうかく》 熟語《じゅくご》＋《プラス》単語《たんご》 準《じゅん》２級《きゅう》

2023年1月20日　　第1刷発行

著　　者 ―― マリ・ガボリオ
小石　悟
発 行 者 ―― 前田俊秀
発 行 所 ―― 株式会社 三修社
〒150-0001 東京都渋谷区神宮前 2-2-22
TEL 03-3405-4511　FAX 03-3405-4522
振替 00190-9-72758
https://www.sanshusha.co.jp
編集担当　菊池 暁
印刷・製本 ―― 壮光舎印刷株式会社

ISBN978-4-384-06064-5 C1085

表紙デザイン　Izumiya（岩泉卓屋）
編集協力　伊藤晴基
有限会社トライアングル
音声制作　高速録音株式会社